D1924525

Auf den Traumpfaden des Königs

Ludwig II. von Bayern und seine Schlösser

König Ludwig II. im Alter von zwanzig Jahren, 1865.
Photographie von Joseph Albert

Auf den Traumpfaden des Königs

Ludwig II. von Bayern und seine Schlösser
in Photographien von Kishin Shinoyama

Mit einem Essay
von Harald Eggebrecht

SCHIRMER/MOSEL

Der Abdruck eines Vorhangstoffs aus Neuschwanstein auf dem Überzug
erfolgt mit freundlicher Genehmigung der Bayerischen Verwaltung der staatlichen Schlösser,
Gärten und Seen und des Archivs Neumeister. Photo: Werner Neumeister

Das auf Seite 6 abgebildete Portrait Ludwigs II. von Ferdinand Piloty befindet sich
im Ludwig II.-Museum, Herrenchiemsee. Abdruck mit freundlicher Genehmigung
der Bayerischen Verwaltung der staatlichen Schlösser, Gärten und Seen.
Photo: Weiss (BSV)

Für die Photographien von Joseph Albert
© 2003 by Bildarchiv Schirmer/Mosel, München
Für die Photographien des Tafelteils © 2003 by Kishin Shinoyama
Für diese Ausgabe © 2003 by Schirmer/Mosel München

Dieses Werk einschließlich aller seiner Teile ist urheberrechtlich geschützt.
Sämtliche Arten der Vervielfältigung oder der Wiedergabe dieses Werkes sind ohne
vorherige Zustimmung des Verlages unzulässig und strafbar. Dies gilt für alle Arten
der Nutzung, insbesondere für den Nachdruck von Texten und Bildern, deren Vortrag,
Aufführung und Vorführung, die Übersetzung, die Verfilmung, die Mirkoverfilmung,
die Sendung und die Einspeicherung und Verarbeitung in elektronischen Medien.
Zuwiderhandlungen werden verfolgt.

Lithographie: ScanColor, Leipzig
Typographie: Klaus E. Göltz, Halle
Druck und Bindung: EBS, Verona

ISBN 3-8296-0098-4

Eine Schirmer/Mosel Produktion
www.schirmer-mosel.com

Ludwig II. in Generalsuniform mit Krönungsmantel.
Gemälde von Ferdinand Piloty, 1865

Wege nach Xanadu

Harald Eggebrecht

ATLANTIS – *sagenhaftes, hoch zivilisiertes, mächtiges Inselreich jenseits der Säulen des Herakles. Die Insel soll in einer Nacht versunken sein. Bis heute allerdings sind keine Spuren gefunden worden.*

MONTSALVATGE, MONTSALVAT, MUNSALVAESCHE – *die Burg, in der der heilige Gral aufbewahrt wird von einer Gemeinde der Reinen und Auserwählten. Die Burg liegt in einem fernen Land versteckt und ist den Blicken Normalsterblicher entzogen. Das Wort kommt von* MONS SILVATICUS, *bewaldeter Berg, im Französischen* MONT SAUVAGE.

XANADU – *geheimer Ort im Großreich des Dschingis Khan-Enkels Kublai Khan, an dem er seinen schönsten, reichsten, paradiesisch ausgestatteten Palast bauen ließ, wovon Marco Polo berichtet.*

Raum

Durch einen Wald gehen und sehen, wie die Bäume ein Ballett aufführen, ein Ballett des Zurückbleibens, des Begleitens und des Überholens: Die nahen Stämme gleiten am Wanderer vorbei, die in der Mitte des Blickfeldes scheinen in gebührendem Abstand mit ihm zu kommen, die in der fernen Tiefe eilen ihm voraus. Alle sind in Bewegung, dabei ist es doch nur eine optische Täuschung. Keineswegs, das Erlebnis der schreitenden und laufenden Bäume, die sich kokett hintereinander verstecken, verwirrend überschneiden und dann wieder offen nebeneinanderstellen, ist unlöschbar eines des bewegten Riesenraumes.

Mancher schon ließ sich im Wald von einem Moospolster anlocken und legte sich nieder. Dann schaute er in den Himmel durch die im Wind schaukelnden Baumwipfel. Es sind sehr, sehr hohe Bäume mit silbrig glänzendem, meist kerzengeradem Stamm: Buchen. Sie wiegen sich hin und her, neigen sich einander zu, als wollten sie miteinander sprechen, oder weichen voreinander zurück. Dieses Schwanken und, bei Sturm, Tanzen der Wipfel verzaubert so sehr, daß man die Orientierung verliert und plötzlich glaubt, nicht nach oben zu sehen, sondern in die unergründliche Tiefe eines hellblauen Ozeans, in dem sich Meeresfarn und Riesentang in den Rhythmus der Wellen schmiegen, ein ununterbrochenes Schwingen, Kreisen und Wogen. Das ozeanische Gefühl wird noch verstärkt durch das Rauschen des Windes in Ästen und Blättern. Der gewaltige Atem dieses Sausens schwillt an und ab wie die anrollende und abfließende Brandung.

Oder man denke an jenen Augenblick, da der Wanderer auf eine Lichtung tritt und sie überrascht wie einen heiligen Ort des Leuchtens empfindet inmitten dichten dunklen Tanns. Oder der Schritt an den Rand des Felsens, von dem aus sich das Land zu Füßen ausbreitet als gewaltiger Raum ungestörten Sehens. So hat es Caspar David Friedrich in immer neuen Variationen gemalt als Konfrontation des Einsamen mit der ungeheuren Ausdehnung von Landschaft und Welt. Es dürfte niemanden geben, der solche oder ähnliche Begegnungen nicht selbst schon erfahren hätte am Meer, in der Wüste, auf Bergeshöhe. Es sind jene Momente, die einst erhaben genannt wurden, geradezu heilige Augenblicke. Auch Augenblicke des Bewußtwerdens, Innehaltens, Staunens, der Erschütterung.

König Ludwig hatte einen untrüglichen, genialen Spürsinn für die Magie jener Orte, an denen seine Phantasmagorien gebaute Wirklichkeit werden sollten, Orte, deren natürlichen Zauber er ins Auratische zu steigern wußte: der schroffe Felsen über der Ebene, die einsame Insel im See, das verwunschen-abgelegene Tal.

Orientierung wünscht sich, wer ein unbekanntes Gebäude betritt, ein Haus, eine Kirche, ein Zimmer, sei es groß oder klein. Man schaut sich um, wie lang, wie breit, wie hoch ist der Korridor, das Foyer, das Vestibül, und wo befinde ich mich darin? Solche Fremdheit fasziniert und erschreckt zugleich. Unbekannte Geräusche, seltsame Gerüche, merkwürdige Farben und Formen verstärken die Verwirrung. Vielleicht tritt man ans Fenster und versucht jene Ecke zu erkennen, um die herum es zum Eingang ging. Oder es wird verharrt, bis jemand kommt, nach dem Begehr fragt oder den Mantel abnimmt.

Erst recht stellt sich die Frage »Wo bin ich?« in einem fremden Land, einer unbekannten Stadt, an einem unbewohnten Ort – oder im Augenblick des Erwachens. Selbst bestvertraute Umgebungen erscheinen unmittelbar nach dem Auftauchen aus dem Schlaf, etwa beim morgendlichen Augenaufschlagen, fremd, auch wenn wir uns dann blitzschnell wieder zurechtfinden. Trübungen und Verunklärungen des Sehens durch Nebel, Gegenlicht, Dämmerung oder Behinderungen des orientierenden Schauens durch Mauern, Felsen, Wälder verunsichern, flößen sogar Angst ein, weil der gerade noch überschaubare Raum nur Teil eines viel größeren unüberschaubaren ist.

Max Frisch hat in seinem *Tagebuch 1946–49* über das Raumempfinden im Geschlossenen und im Offenen anhand eines grandiosen Beispiels beschrieben, wie Raum schon aus einer Andeutung entsteht. So wie Bäume seit alters als Säulen verstanden wurden, die Decken oder Gewölbe tragen konnten – jeder Hochwald suggeriert den Eindruck eines Kathedralschiffs, das Licht fällt durch die Blätter wie durch imaginäre Kirchenfenster –, so genügt es, ein, zwei Pfeiler zu errichten, mit einem Bogen zu verbinden, und schon wölbt sich der Himmel ganz adäquat darüber, gibt es ein Diesseits und Jenseits der Pfeiler, ein Innen und Außen. Max Frisch, der gelernte Architekt, staunte in diesem Sinne über den Dom von Siena und den Plan seiner Vergrößerung:

»... die Geschichte einer Vermessenheit: Siena will den größten aller Dome. Der bisher vorhandene Dom – wäre gerade noch als Querschiff verwendet worden. Das neue riesenhafte Längsschiff, das dann nie vollendet worden ist, steht da mit einer Seitenwand, fünf Achsen mit Rundbogen, und mit einer fertigen Stirnwand; dann kommt die Pest, die Siena für etliche Jahrzehnte lähmt, aber nicht von seinem verstiegenem Vorhaben abzubringen vermag. Die Enkel bauen weiter. Das Unbesonnene, das dem Größenwahn eigen ist, zeigt sich, sobald man den Plan genauer prüft; die bereits vorhandene Mittelkuppel und das neue Hauptschiff hätte man nie vereinen können; hinzu kommt, daß die Fundamente sich zur Enkelzeit als ungenügend erweisen, die begonnenen Gewölbe beginnen sich zu spreizen: Man gibt es auf. Das Ergebnis ist wunderbar! Es bleibt ein Platz unter offenem Himmel, aber der Innenraum, der gewollte, ist bereits vorstellbar, man sieht: dieser Raum, der jetzt noch keiner ist, wäre dem Uferlosen entrissen worden, der Sonne entzogen. Der Raum als Dasein; wie zuvor der Körper des Turmes; nämlich der umgrenzte, der gefaßte und gestaltete Raum, der den unbegrenzten und unfaßbaren erst zur Ahnung bringt.

Form: wenn das Unvorstellbare, das Dasein, sich darzustellen vermag –?«

Was aber ist schon bekannt, wenn in finsterer Nacht nurmehr der Tastsinn helfen kann, und die Finger über Schrunden, Rauheiten, womöglich Feuchtigkeit von Wand, Holz oder Stein hinwegfühlen? Oder wenn sich die Welt auf abendlichem Spaziergang im bleichen Licht des Mondes verfremdet: Plötzlich wachsen Bäume zu »aufgetürmten Riesen« empor, versinken Schatten in tieferer Schwärze, ja ins Unergründliche, bekommen Hausfassaden und Fensterhöhlen etwas Bedrohliches und werden Gebüsche zu Verstecken des Unheimlichen. Das Gefühl, ins Ort- oder Bodenlose zu geraten, ergreift einen, Desorientierung, Irritation auf allen Ebenen kann einsetzen. Was ist hinter mir, fragt sich derjenige, der im Finstern Schritte in seinem Rücken hört. Hinten hat niemand Augen, von dort droht immer Gefahr, überrascht, übertölpelt, überfallen, überwältigt zu werden. Von hinten scheint man ausgeliefert. Was ist unter mir, denkt der Schwimmer im dunklen Wasser. Furcht beschleicht ihn, wenn er an all die Ungeheuer der Tiefe, Seeschlangen, Kraken, Schlingpflanzen, Haie, denkt.

Phantasie bevölkert also jene Bereiche des Undurchdringlichen, Undurchsichtigen, Ortlosen mit den Lemuren und Gespenstern, die Furcht, Einsamkeit und Wahn ununterbrochen gebären, wenn sie erst einmal geweckt sind. Aber Phantasie kann sich auch in die andere Richtung öffnen und weiten zu Visionen, etwa von Freiheit beim Gefangenen, wie sie Florestan in Beethovens *Fidelio* ergreift. Sie kann sich aufschwingen zu größten Kunstwerken, zu Weltkonzeptionen, zu Bildern und Bauten von Vollendung, Größe und Glanz. Unermeßlichen Reichtum kann Imagination gerade jenen vorgaukeln, die weit davon entfernt sind. Phantasie ist tatsächlich der wahre Raum des Unendlichen: unberechenbar, unausmeßbar, unauslotbar.

Die Einbildungskraft kann aber so stark werden, daß sie auf Verwirklichung drängt. Das Imaginäre will betretbare Realität werden. Es gibt daher gegen alle Wahrheit Räume, die es nicht geben kann, weil sie nur in der Phantasie von Schriftstellern existieren. Und doch wurden sie durch jene Kraft, die Berge versetzen kann, Wirklichkeit. Die Dichter beschrieben sie so suggestiv genau, die erfundenen Figuren agierten darin so plastisch, daß die Leser sie leibhaftig vor sich sahen, ihnen glaubten und nach Dreidimensionalität verlangten.

So erzählte Alexandre Dumas die Geschichte des Edmond Dantes, der verraten und ins real vor dem Hafen von Marseille liegende Château d'If geworfen wird, aus dem er sich nach zwanzig Jahren mit Hilfe eines Mitgefangenen befreien kann, um dann als »Graf von Monte-Cristo« grausame Rache an den Verrätern zu nehmen. Der Roman ist ein bis heute unverwüstlicher Welterfolg, sein Held zur sprichwörtlichen Figur geworden. Und in der Tat kann man jetzt auf Château d'If die eigentlich imaginäre Zelle von Edmond Dantes und den von ihm gegrabenen Gang zur Nachbarzelle des Abbé Faria leibhaftig bewundern. Sie ist deutlich größer als alle anderen, schließlich müssen die Besucherströme Platz finden! Oder tagtäglich stehen in Verona Menschentrauben unter einem schönen steinernen Balkon, von dem behauptet wird, er sei jener, auf dem Shakespeares Julia ihrem Romeo lauschte. In London gibt es eine weltberühmte, gleichwohl imaginäre Adresse, Baker Street 221b, die nie existierte, weil ihr Bewohner, der legendäre Detektiv Sherlock Holmes mitsamt seiner Behausung ein genialer Einfall seines Autors Conan Doyle ist. Trotzdem wird dem imaginären Meister geschrieben an jene nie existente Adresse. Da es sehr viel Post gab, wurde jemand bestellt, der diese Briefe beantwortete unter jener Literaturadresse.

Das Faszinierende ist nicht nur die Plastizität der Erfindung, sondern daß sie im Kopf des Lesers als real erscheint. Der Glaube, es handle sich um echte Persönlichkeiten, echte Geschehnisse an echten Örtlichkeiten ist so mächtig, daß er die Materialisierung erzwingt. Ein letztes Beispiel: Der sächsische Phantast Karl May suggerierte seinen Lesern, er habe als Old Shatterhand und Kara ben Nemsi alle seine Abenteuer in den Prärien und in der Wüste selbst erlebt. Als Beweis zeigte er gerne auch die »berühmtesten Gewehre des Wilden Westens« vor: Old Shatterhands vielschüssigen Henry-Stutzen und seinen Bärentöter und Winnetous Silberbüchse. So liegen sie heute im Museum in Radebeul und werden von den Fans wider besseres Wissen als echte Inkunabeln bestaunt. Dabei hatte sie ihr Dichter bei einem Büchsenmacher erst anfertigen lassen, als er mit seinen für wahr gehaltenen Romanen unerhörten Erfolg hatte. Für ihn gab es keine Grenze mehr zwischen Imagination und Wirklichkeit.

Aber besitzt solche ins Reale umgesetzte Vorstellung, die nun einen Ort hat und einen Raum erfüllt oder eine bestimmte Gestalt angenommen hat, noch jene Kraft des Phantastischen, Eingebildeten und Unglaublichen? Oder banalisiert sich nicht doch die kühnste Phantasie, wenn sie aus ihrem Luftreich geholt und irdisch greifbar wird? Was wäre etwa der unerschöpflich sich neu aufladende Mythos des untergegangenen Atlantis, wenn es gefunden würde, dann anderes als eine archäologische Sensation und wissenschaftliche Ausgrabungsstätte? Offenbar bleibt aber Lebensraum genug für beide, die phantasierte Vorstellung und ihre realisierte Tatsächlichkeit.

Vision

Von Verfremdungen, überraschenden Veränderungen der Wahrnehmung, Verschiebungen, Täuschungen, Maskierungen lebt romantischer Sinn. Er sehnt sich, frei nach Novalis, nach der Verwandlung des Alltäglichen ins Wunderbare, der Steigerung des Banalen ins Erhabene, der Weitung des Begrenzten ins Unermeßliche, der Verzauberung des Gewöhnlichen ins Besondere. Es geht um die Transzendenz der Alltäglichkeit in Höheres, Ideales, Vollkommenes, Göttliches. »Zum Raum wird hier die Zeit«, heißt es in Wagners *Parsifal*.

Die Suche nach dem Gral, jener Wunderschale, in der das Blut Christi aufgefangen wurde und die an geheimem Ort aufbewahrt wird von Männern, die sich als auserwählt bewiesen haben, hielt gleich eine ganze Literaturepoche in Atem, die mittelalterliche Heldenepik rund um den Artus-Mythos. Die Ritter der Tafelrunde machten sich auf, ihn zu finden, sich zu ihm durchzukämpfen gegen Riesen und Ungeheuer, gegen Teufel und Dämonen. Doch kamen sie vielfach vom Wege ab, irrten herum und wurden an sich selber irre. Trotzdem zog es sie unweigerlich tiefer in den Wald, höher ins Gebirge, weiter weg von Städten und Dörfern, bis einer von ihnen, eben der auserwählte Parsifal, doch den sonst unsichtbaren Eingang findet zu jener unwirklich einzigartigen Burg Montsalvat oder Munsalvaesche, wie sie bei Wolfram von Eschenbach heißt, in der der göttliche, heilende und lebensspendende Gral aufbewahrt wird.

Solche verwunschenen Wunderschlösser, die abends strahlend aufleuchten, werden in den Sagen und Märchen der Völker von vielen gefunden, von Dummen und Tapferen, Furchtlosen und Verzweifelten. Sie treten ein, werden häufig sogar eingeladen, essen und trinken, tanzen und flirten, bis sie irgendwo einschlummern. Am nächsten Morgen ist nichts mehr da als Einöde. Irgendjemand aus der Gegend erzählt dann auf die Nachfrage, daß in alter Zeit hier ein Schloß gestanden habe, dessen Herrschaft sich auf irgendeine Weise so versündigte, daß sie mitsamt ihrem Schloß alle hundert Jahre wieder auf Erden erscheinen muß. Wer Glück hat, ist gerade in jener Nacht zur Stelle.

Da zeigt sich die Gegenseite der Gralsburgreinheit, der romantischer Sinn religiös zustrebte. Alles Heilige wirft nämlich auch einen gewaltigen Schatten. Und so wie romantischer Sinn die platte Realität des gesunden Menschenverstandes oder die Klarheit von Aufklärung und Klassik flieht zugunsten des Transzendent-Göttlichen, folgt er, gepackt von Widerspruchsgeist, Hochmut, Lebensangst und Lästerlust, den Wegen ins Schattenreich des Dunklen und öffnet die dreizehnte Tür, hinter der das Verbotene und Verdrängte lauert. Da geht es hinab ins Abgründige, Ungeheure, auch Böse, das in schwarzem Glanze zu strahlen vermag. Das dunkle Reich ist auch ein Reich der Freiheit, eines der Enthemmung, der grenzenlosen Ausschweifung, einer Gottgleichheit, gewonnen aus der Leugnung der göttlichen Vormacht. Prometheus und Luzifer, die Lichtbringer, der unermüdliche Sysiphos, Ahasver und der Fliegende Holländer, diese ewigen Wanderer, Salome, Medea und Elektra, die unsterblich furchtbaren Frauen, sind hier Leitfiguren, weil sie das Undenkbare denken, das Unfaßbare wünschen und

Unbegreifliche tun, sei es noch so verworfen, grausam und mörderisch. Dort auch herrscht jener Geist der Auflehnung, der den Bau vermessener babylonischer Türme inspiriert und Paläste satanischer Ausschweifung und Anmaßung errichtet.

In Wirklichkeit reichte es bereits, der Symmetrie und Klarheit der Klassik die »schöne Unregelmäßigkeit« (Norbert Miller) »gotischer« Einbildungskraft entgegenzusetzen. In der zweiten Hälfte des 18. Jahrhunderts baute sich der Sammler, Reisende und Schriftsteller Sir Horace Walpole (1717–1797), einer der wohlhabendsten Söhne Englands, seinen kleinen Landsitz Strawberry Hill in Twickenham bei London zu einem gotisch inspirierten Architekturgebilde aus, das nicht einfach zum Wohnen diente, sondern sich auch als Zeichen eines anderen, gotisch vielfältigen Reiches der *variety* gegen die Einheitlichkeit, *unity*, aufgeklärt-klassizistischer Vernunft richtete. Walpole war zugleich Politiker, glänzender Briefeschreiber und sehr wohl Vertreter der geistvollen Rationalität in der Gesellschaft der Londoner Salons. Doch ließ er auch die dunkle Seite seiner Vorstellungskraft zu, die sich aus phantastischen Visionen und Träumen speiste und die er in Strawberry Hill architektonisch verwirklichte. Er gilt als entscheidender Vorläufer des Schauerromans, der *gothic novel*, deren Wirkung bis zu den Surrealisten ins 20. Jahrhundert reicht. Sein *Castle of Otranto* von 1764 wurde ein Grundbuch des Unheimlichen und Wunderbaren. Walpole behauptete, er habe seinen Roman, der um 1200 in Italien spielt – eine Geschichte um Usurpation, Mord, Vergewaltigung, mit Verliesen, geheimen Gängen und Geistererscheinungen –, nach einem Traum binnen zweier Monate in gotischer Instrumentation niedergeschrieben.

Achtzehn Jahre später verfaßte ein anderer genialischer Engländer aus reichem Hause, William Beckford (1760–1844), dreiunddreißig Jahre jünger als Walpole, ebenfalls einen Roman: *Die Geschichte des Kalifen Vathek*, der unbedingt in die Hallen des ewigen Feuers treten will an die Seite des Unterweltherrschers Eblis. Eblis ist ein *beau ténébreux*, einer dieser gefallenen Engel, die seit John Miltons Satan aus *Paradise lost* das Stigma von Schönheit und Weltekel tragen auf der umwölkten Stirn oder sichtbar in den schmerzlichen Zügen.

Beckford verfaßte seinen *Vathek* unter dem Eindruck des Weihnachtsfestes 1781 in seinem Stammschloß Fonthill, das er von dem Bühnenmaler Loutherbourgh ausstatten ließ und das in ausgesuchtestem Freundeskreis stattfand. »Es war die Verwirklichung des Romantischen in seiner ausschweifendsten Form. Kein Wunder, daß mich diese Szenerie zur Beschreibung der

Hallen des Eblis inspirierte«, schrieb Beckford 1839. »Das große, herrschaftliche Wohnhaus von Fonthill war wunderbar berechnet für die Feier der Mysterien. Durch alle diese Zimmerfluchten streiften und wanderten wir – nur zu oft Hand in Hand – Musiktöne begleiteten uns in Abständen – manchmal die Orgel – manchmal Konzertstücke – in welche die drei damals in Europa größten Sänger lieblich sich verbanden – manchmal wurde ein Lied gehört … unschuldige bewegende Töne, die sich in die Seele stahlen mit einer bezaubernden Sehnsucht und meine geliebtesten und empfänglichsten Begleiter zu Tränen rührten.«

Zehn Jahre nach dem Erscheinen des Romans begann Beckford mit dem grandios gedachten Ausbau von Fonthill. Dreimal ließ er den damals berühmten Architekten James Wyatt einen gewaltigen gotischen Turm errichten, der vollkommen zweckfrei den Himmel zu erreichen suchte. Am Ende hatte Beckford mit dem exzessiven Bauen sein gigantisches Vermögen ruiniert. Längst zuvor hatte im Roman der Kalif Vathek einen monströsen Turm bauen lassen und eine einzigartige Schloßanlage:

»Er ließ noch fünf Flügel daran bauen, oder fünf neue Paläste, und er bestimmte jeden davon zur Befriedigung eines seiner Sinne.

In dem ersten dieser fünf Paläste waren die Tische stets mit den ausgesuchtesten Speisen gedeckt. Man erneuerte sie Tag und Nacht, sobald sie kalt geworden waren. Die feinsten Weine und die besten Liköre flossen in Strömen aus hundert Springbrunnen, die nie versiegten. Dieser Palast hieß ›Das ewige Fest‹ oder ›Der Unersättliche‹.

Den zweiten Palast nannte man den ›Tempel der Melodie‹ oder den ›Nektar der Seele‹. Ihn bewohnten die besten Musiker und meistbewunderten Dichter der Zeit. Nachdem sie ihre Talente an diesem Orte geübt hatten, zerstreuten sie sich in Gruppen und überfluteten die ganze Umgebung mit ihren Liedern.

Der Palast ›Das Entzücken der Augen‹ oder ›Die Unterstützung des Gedächtnisses‹ war ein einziges Wunder. Die größten Seltenheiten aus allen Ecken der Welt waren hier gesammelt, in Massen und in der schönsten Ordnung. Man sah in einer Galerie die Bilder des berühmten Mani und Statuen, die zu leben schienen. Hier reizte eine glücklich gewählte Aussicht den Blick; dort wurde das Auge angenehm durch die Künste der Optik getäuscht; an einer anderen Stelle fand man alle Schätze der Natur. Mit einem Worte: Vathek, der neugierigste unter den Menschen, hatte in diesem Palaste nichts vergessen, was die Neugierde des Besuchers befriedigen konnte, nur nicht seine eigene, denn die war unersättlich.

Der Palast der Wohlgerüche, den man auch den ›Stachel der Wollust‹ nannte, war in mehrere Säle geteilt. Aromatische Lampen und Fackeln brannten da auch am hellen Tage. Um sich von der köstlichen Trunkenheit zu erholen, in die man hier geriet, stieg man in einen weitläufigen Garten hinab, in dem allerlei Blumen eine kühle und erfrischende Luft verbreiteten.

Der fünfte Palast hieß ›Die Wohnung der Freude‹ oder ›Der Gefährliche‹. Hier waren viele junge Mädchen und Frauen. Sie waren schön und verführerisch wie die Huris und nie ermüdet, diejenigen wohl zu empfangen, die der Kalif in ihre Gesellschaft zulassen wollte. Denn er war gar nicht eifersüchtig und verwahrte zudem seine eigenen Frauen in dem Palast, in dem er wohnte.«

Und noch ein exotischer Herrscher von Dichters Gnaden hat den Bauwurm in sich: »In Xanadu did Kubla Khan / A stately pleasure-dome decree ...«, so beginnt eines der berühmtesten Gedichte der Weltliteratur, das Samuel Taylor Coleridge 1798 schrieb. Das heißt, nicht einfach schrieb, sondern, will man seinen eigenen Ausführungen glauben, gleichsam somnambul nach dem Genuß eines Opiats direkt als Vision aufs Papier bannte. Erst als ihn jemand ansprach, zerstob der »pleasure-dome« und alle Herrlichkeiten des Parks rund um Kubla Khans Palast. Xanadu heißt übrigens auch jener monströse Bau des »Citizen Kane« von Orson Welles, eine gotisch-synkretistische Albtraumarchitektur, zusammengesetzt aus Gesammeltem aus allen Kontinenten, in der schließlich der sterbende Citizen Kane liegt und die Schneekugel mit dem unsterblichen Wort »Rosebud« fallenläßt, das den ganzen Film in Bewegung setzt.

War nicht auch König Ludwig einer aus dem Geschlechte solcher gefallenen Engel mit düsterer Stirn, der Gesellschaft mied, nachts seine leeren Paläste besuchte, die den Menschen verwehrt waren? Der sich als Gralsritter oder als absoluter Herrscher im Sinne Ludwigs XIV. verstand, als Inkarnation der Königsidee, wie es schon eine frühe Tagebuchnotiz von 1867 stolz feststellt: »Das Wachsen des Königsgefühls«.

Der einsame Beckford, als Exzentriker verschrieen und wegen homophiler Neigungen gesellschaftlich geächtet, sah schon als Zwanzigjähriger seine eigentliche Bestimmung: »Ich fürchte, ich werde kaum je weise oder gut genug sein für irgendetwas anderes auf dieser Welt, als Düfte zu komponieren, Türme zu bauen, Gärten zu gestalten, altes Porzellan zu sammeln und eine Reise nach China oder zum Mond zu schreiben.«

Ludwig flehte geradezu –1886, kurz vor dem Ende – in einem Brief an Innenminister von Feilitzsch, ihm seinen Lebenssinn zu retten:

»Seit der beklagenswerte Zustand der Kabinettskasse herbeigeführt wurde und die Stockung bei meinen Bauten, an welchen mir so unendlich viel gelegen ist, eingetreten ist, ist mir die Hauptlebensfreude genommen ... Ich fordere Sie daher noch einmal dringend auf, alles aufzubieten, um zur Erfüllung meines sehnlichsten Wunsches beizutragen und widerstrebende Elemente zum Schweigen zu bringen. Sie würden mir geradezu das Leben aufs Neue geben.«

Daß die Parallelen zu den frühen schwarzen Romantikern keine Luftnummern sind, beweisen Ludwigs Äußerungen 1882 gegenüber dem amerikanischen Schriftsteller Lew Vanderpoole zu seiner inneren Verwandtschaft mit Edgar Allan Poe, den er den »wunderbarsten aller Schriftsteller« nennt, für ihn »einer der größten Menschen, die je geboren wurden«:

»Ich glaube, daß ... eine bestimmte Ähnlichkeit zwischen Poes Natur und der meinen besteht ... jede Berührung mit der Welt verletzt mich, meine Natur ist, ganz wie die Poes, von einer übermäßigen und unbegreiflichen Empfindlichkeit ... Mein Inneres ist sensibel wie eine photographische Platte: jeder leiseste Eindruck ist unverwischbar eingeprägt.

Offenbar hat die ›Natur‹ nur Platz für eine ganz bestimmte Sorte von Menschen. Wer sich behaupten will, muß rauh, rücksichtslos und unempfindlich sein ... Ich verachte das Pack, das die Majorität ausmacht, diese Kreaturen, die nur dem Aussehen und dem Namen nach Menschen sind – und doch beschleicht mich manchmal das Gefühl, daß man ihnen ähnlicher sein müßte, um bequemer leben zu können ... Was Poe geschrieben hat, beweist mir aber, daß er denselben Ekel vor jeder Art von Zugeständnis an die Gemeinheit der Welt empfand wie ich ... Ich bin einfach anders gestimmt als die Mehrheit meiner Mitmenschen. Ich kann nicht teilnehmen an dem, was sie Vergnügen nennen, denn es widert mich an und zerstört mein Wesen.«

Traum

Das Leben ein Traum nannte der spanische Dramatiker Calderon sein berühmtestes Stück. Traum, das ist die Gegenwelt, das sind die wahren Bilder, die sich hinter aller Realität verbergen und nur in Traumreisen erreicht werden können; Traum, das ist der Bildspeicher unserer Verdrängungen, der Fundus und manchmal die Quintessenz des Erlebten, der Schatz des ins Unbewußte Abgesunkenen; Traum ist zugleich aber auch kreativer Urraum, nach Ernst Bloch eine Quelle des »Noch nicht«; unwillkürlich gerät man in ihn hinein, und seine manchmal rätselhaften, manchmal überscharfen Bildfolgen zeigen jene sonst verdeckten und versteckten Landschaften der Empfindungen, Gefühle und Impulse, die keine Tageshelle der Rationalität vertragen.

Im Traum erscheinen Götter, verkünden und verheißen Glück oder Verderben, im Traum tauchen Gespenster und Dämonen auf und erdrücken einen fast mit Grauen, das einen nicht mehr losläßt. Träume bedeuten große Ausfahrt, ideale oder gierige Liebe und Lust, sie können so erregen, daß dagegen das Wachsein eher dem besinnungslosen Schlaf gleicht, und sie können betäuben und ängstigen in Abgründe hinein, aus denen selbst das Erwachen kaum rettet. Und kein Künstler, der nicht sehnsüchtig in den Traum einsteigt als Reich phantastischer schöpferischer Freiheit. Bekanntlich hat sich Goethe neben sein Bett Papier und einen weichen Bleistift gelegt, um jederzeit die Einfälle aus dem Traum heraus festhalten zu können. Auch die Gesichte des Halbschlafs erkannten die Künstler als kreative Akte. Allerdings klagte Edgar Allan Poe: »Doch gibt's da auch noch Phantasien von exquisiter, zartester Feinheit, die man nicht als Gedanken bezeichnen kann und angesichts deren mir's bisher unmöglich gewesen, das passende Sprachkleid zu finden.«

»Was mir einzig die Welt erträglich macht, ist, wenn ich sie nur noch wie im Traum sehe. Ich kenne sie, ich trage sie in mir, ich brauche sie nicht mehr mit offenen Augen zu sehen, um sie zu verstehen. Im Traum sehe ich dies Abbild, aus dem ich meine Kunstwerke schaffe: aus diesem Traum mich wecken, heißt: mich dem Leiden überliefern.« So schrieb Richard Wagner am 7. September 1865 an König Ludwig.

Ludwig antwortete: »Mein Theurer, nie sollen Sie aus dem seligen Traume geweckt werden, der Ihnen das Abbild zeigt, von welchem aus Sie Ihre Kunstwerke schaffen; das irdische Leiden soll Ihnen auf immer fern bleiben.« Und jetzt klingt es, als spräche der König zu sich selbst: »Leben Sie Ihrem Ideale, bleiben Sie auf der niederen Welt entrückt, schaffen Sie im goldenen Reiche der Wolken!«

Ein ganz anderer, ebenfalls aus Sachsen stammender Erfinder eines, wenngleich schiefen, so doch eines Gesamtkunstwerks, nämlich Karl May, hat aus der Erfahrung kindlicher Blindheit seine Welt aus Abenteuer zur Rettung der »Menschheitsseele«, die für ihn auch er selbst war, ganz ähnlich wie Wagner erlebt: »Es gab für mich nur Seelen, nichts als Seelen. Und so ist es geblieben, auch als ich sehen gelernt hatte, von Jugend an bis auf den heutigen Tag. Das ist der Unterschied zwischen mir und anderen. Das ist der Schlüssel zu meinen Büchern. Das ist die Erklärung zu allem, was man an mir lobt, und zu allem, was man an mir tadelt. Nur wer blind gewesen ist und wieder sehend wurde, und nur wer eine so tief gegründete und so mächtige Innenwelt besaß, daß sie selbst dann, als er sehend wurde, für lebenslang seine ganze Außenwelt beherrschte, nur der kann sich in alles hineindenken, was ich plante, was ich tat und was ich schrieb …«

Und Karl May, der in seinen vielbändigen Tagträumen als omnipotenter Held die ganze Welt bereiste, in tausend Sprachen sprach und Gerechtigkeit allüberall übte, hat auch einen Riesenroman über König Ludwig geträumt (vermutlich 1886–1888), *Der Weg zum Glück*, der König als eine Art bayerischer Harun ar-Raschid:

»Er trug die Tracht des Gebirges, Bergschuhe, Halbstrümpfe, Joppe, Weste, breiten Gürtel, einen kleinen Hut mit Edelweiß und Spielhahnfeder, einen Rucksack auf dem Rücken und ein Gewehr von der Achsel herab. In der mit kostbaren Ringen geschmückten Hand hielt er den Bergstock, welcher mit einer Gemskrikel versehen war …

Er war von sehr hoher, kräftiger, imposanter Figur. Sein Gesicht hatte einen edlen, vornehmen, durchgeistigten Ausdruck. Die Züge waren bedeutend. Das Auge zeigte bei aller Schärfe etwas Weiches, Unbestimmbares, fast möchte man sagen, Mystisches. Der Eindruck der ganzen Persönlichkeit und des von einem wohlgepflegten Barte gezierten Gesichtes war ein Ehrerbietung erweckender.«

Ludwig selbst aber ging weiter als der Komponist und der Schriftsteller, als er, ganz Hamlet, 1867 notierte: »… vielleicht träumt man auch im Grabe noch fort ein langer, ewiger, unendlicher Traum von – (seliges Gedenken, himmlisches Versenken) Mächtig süßes Sehnen, wonnevolles Wähnen! O es ist süß himmlisch süß, eingewiegt zu werden in den Schlaf des Todes von der Stimme des Geliebten.«

Musik

Kein Reich der Phantasie ist freier, grenzenloser als das der Musik. Es ist Raum und Zeit in einem. Zarteste Gespinste, feinste Klanggeflechte erklingen, so wie auch Ungeheures geschieht, Türmungen, Revolutionen, Aufruhr, Katastrophen, dann aber auch Weite, Frieden, Harmonie. Das Ungeheuerlichste aber, das Wesen der Musik ist das Verschwinden, keine Musik bleibt, sie kennt unbedingt und irreversibel Anfang und Ende, weshalb Leonardo meinte, daß die Malerei in ihrer Dauerhaftigkeit der Musik überlegen sei. Es gibt sie nicht als greifbares Ding, ihre jeweilige Gestalt ist einzig im Werden und Vergehen erlebbar. Daher gibt es auch keine Wiederholung irgendeiner schon einmal erklungenen, also vergangenen Musik, sie muß jeweils neu erklingen und neu erfahren werden. In jeder Musik entsteht ein Raum des Erlebens, der sich aber der Beschreibung in Worten feenartig entzieht. Es ist wie mit der Farbe Blau, jeder weiß, was gemeint ist, keiner kann sie außerhalb von Verweisen auf Blaues in der Umwelt definieren. So geht es in der Musik, wer sie liebt, weiß, was ewige Sehnsucht bedeutet.

Ludwig träumte nicht nur Visionen in begehbare Realität um, er inszenierte nicht nur seine Schlösser als singuläre Theaterräume für die verschiedenen Inkarnationen des idealen souveränen Herrschers, der sich selbst dabei beobachtete. Immer wieder ließ er zu diesen dreidimensionalen Traumbildern Musik spielen, die nichts als je erklingende Gegenwart des Zaubers waren. Er muß das Enden der Musik jedesmal wie Sterben empfunden haben, ein Abschiednehmen, das nur durch neuerliches Erklingen aufgefangen werden konnte. Daß heute in seinen Schlössern Musik aufgeführt wird, ist vielleicht die einzig angemessene Weise, sein Verbot jeglichen Besuchs durch die »Majorität« zu brechen.

Erinnerung

Es gibt Bilder, die ein Leben lang im Gedächtnis haften und den Blick auf die Welt prägen. Sie stammen nicht aus der alltäglichen Reizflut der Medien, nicht aus dem Fundus von Ereignissen oder Begebenheiten. Es sind nichtaustauschbare eigene Bilder, die sich im Traum unauslöschlich verdichten oder die die Phantasie aus der Fülle der Eindrücke idealtypisch synthetisiert.

So hing in frühen Tagen gegenüber dem Bett ein Gemälde, das die Kinderaugen als düsteren Mann erkannten: Ein großer spitzer Hut mit einem kantigen, scharfen Gesicht darunter. Furchtbar war in diesem dunklen Antlitz vor allem das Auge. Ein heller dreieckiger Fleck, der je mehr die Dunkelheit zunahm, desto stärker zu leuchten anfing. Gebannt schaute das Kind diesen Fleck an, wie er sich verlebendigte, intensivierte, das ganze Denken gefangennahm. Das Kind zog die Decke über Augen und Ohren, verkuschelte sich in das Kissen, krümmte sich embryonal zusammen. Nichts half: Der dreieckige Fleck leuchtete unerbittlich auch dem inneren Auge, nistete sich in der Vorstellungswelt ein. Tagsüber versuchte das Kind, den Fleck auf dem Gemälde zu identifizieren, sich zu vergewissern, daß er nur gemalt und keineswegs lebendig sei. Doch da war gar kein dunkler Mann mit spitzigem Hut zu sehen, sondern nur ein Waldrand mit einer alten Hütte davor. Eine Atmosphäre idyllischen Friedens lag darüber. Nur im Dämmer des Abends beim

Einschlafen, in der Stunde des Wolfs sozusagen, erschien dem erstarrenden Kinderblick das schreckliche Gesicht.

Erinnerung ist auch Wiederaufsuchen von Räumen und Situationen, sie kann dabei nostalgisch sein, nachtrauernd, vergangenheitsorientiert in depressivem Sinne. Oder sie kann tätig werden in der Revitalisierung verloren geglaubter Traditionen und Spielweisen. Wer Photos aus der eigenen Jugend ansieht, wird sich kaum wiedererkennen, aber auch entdecken, wie sehr Erinnerung ein Instrument der Verklärung und Poetisierung ist. Fakten und Erinnerung widersprechen sich. Auch Photos kennen diesen Anspruch auf Wahrheit und sind doch so weit weg vom Erlebten, daß ein neuer Text aus der Erinnerung dazu erzählt werden muß. Jede Gerichtsverhandlung bringt das an den Tag. Ludwigs Erinnern ist dagegen ein geradezu existentielles Wieder-Holen von royalistischer Herrlichkeit und Reinheit, wie es sie nie gab außer in ihm selbst. Also sind die Schlösser auch gebaute Erinnerungen an Epochen der Vergangenheit, wie sie so nie existierten. Ludwigs gebaute Erinnerungen sind Verklärungen und Apotheosen von Gralsburg, Königsvilla und Sonnenkönigsschloß.

Photographie

Es gehört zu den größten Unwahrscheinlichkeiten, daß sich ein scheinbar perfektes, objektives Abbild von Wirklichkeit herstellen läßt. Die Photographie, so naturwissenschaftlich eindeutig ihre Grundlagen sind, wirkt dennoch in jedem Bild phantastisch, kaum glaublich, auch wenn wir uns an die Flut der Bilder so gewöhnt haben, daß wir inzwischen der Realität fast weniger trauen als dem Abbild. Einer der größten Pioniere der Lichtbildkunst, William Henry Fox Talbot, der das Negativ-Positiv-Verfahren auf Papier erfand und damit die unbegrenzte Vervielfältigung des Photos ermöglichte, hat diese Unglaublichkeit photographischer Magie beschrieben: »Ich kenne wenige Dinge im Bereich der Wissenschaft, welche mehr in Erstaunen versetzen, als das allmähliche Erscheinen des Bildes auf einem weißen Blatt.«

Photographie ist auch eine Materialisation des Traumes. Was gerade real verschwand für immer, erscheint nun, wenn auch bruchstückhaft, als Bild, als festgehaltene, besser: neue Realität. Das ist unheimlich und überraschend zugleich, es löst ein seltsames Gefühl von zweifelnder Nachkontrolle aus: So war das also, das ist passiert und so fort.

In Michelangelo Antonionis berühmtem Film *Blow up* versenkt sich ein

Baustelle des Schlosses Neuschwanstein zum Zeitpunkt des Todes von Ludwig II., 1886. Photographie von Joseph Albert

Schloß Neuschwanstein, photographiert von Kishin Shinoyama 1979/80

junger Photograph so tief in seine Bilder, daß er plötzlich entdeckt, daß auf diesen von ihm gemachten Photos ein Mord geschehen ist. Er vergrößert die Ausschnitte in der Hoffnung, der mysteriösen Geschichte näherzukommen. Aber letztlich kann er den unüberwindlichen Graben, der Wahrheit und Schein trennt, nicht überspringen, beziehungsweise er kann photographische Wirklichkeit und Realität nicht endgültig zur Deckung bringen.

Da läßt sich etwas von der Durchlässigkeit unserer Wahrnehmung ahnen. Nicht immer wird sie vom Gesehenen vollständig ausgefüllt, dann lugt neben den Rändern noch Anderes, Fremdes, Befremdendes hervor. Etwa bei manchem Blick in den Spiegel, bei dem das eigene Gesicht mit einem Mal nicht wiederzuerkennen ist, eine Art Francis Bacon-Effekt. Wer aber jenes Andere unter der Wirklichkeit hervorziehen möchte, wird enttäuscht, weil Oberflächenschicht und imaginärer Untergrund aneinander haften. Restauratoren haben immerhin bei Fresken eine Technik entwickelt, mit der sie Wandgemälde ablösen und darunterliegende Vorzeichnungen oder ältere Malschichten sichtbar machen können.

Bei Photographien aber gibt es eigentlich keine unter dem Bild verborgene Vorstufe, außer es wurde manipuliert, retuschiert oder doppelbelichtet. Jenes Andere, Imaginäre kann jedoch im Lichtbild selbst durchschimmern. Es gibt zum Beispiel ein Photo, das vier ältere Männer beim Viehmarkt auf den Orkney-Inseln zeigt. Vier Kerle mit drastischer Gestik und vitaler Mimik: Einer schaut ernst dem Viehtreiben zu, das Kinn in die Hand gestützt, einer dreht sich nach einem hinter ihm Sitzenden um, etwas zu flüstern, der letzte lacht diebisch, fast irre. Durch die Szene scheinen ältere Bilder hindurch: Die vier könnten auch auf Rembrandt- oder Van Dyck-Gemälden auftauchen, als Anatomen an einer geöffneten Leiche, als Mitglieder einer Kauffahrtei. Oder sind sie in ihren Plastikschutzmänteln nicht vielmehr kichernde, schmatzende Irre aus Charenton, die bei einer Theateraufführung des Marquis de Sade mitspielen, der selbst ein Imaginator von Schlössern war, in denen, unerreichbar für Alltag und helle Normalität, ketzerisch, weltverachtend und anmaßend bis zum Exzess die absoluten Orgien gefeiert wurden?

In diesen Gesichtern und Haltungen öffnet sich das aktuelle Photo in die Tiefe der Geschichte, plötzlich wird der Spiegel transparent. Diese Männer waren schon dabei, als Demosthenes seine Brandreden gegen Philipp von Makedonien hielt. In römischen Arenen sättigten sie ihre Schaulust an Tier- und Menschenhatzen. Sie standen am Hafen, als Kolumbus in See stach, und sahen zu, als Hexen verbrannt und Könige geköpft wurden. Wahrlich nichts Menschliches war und ist ihnen fremd, diese Männer kennen sich aus.

Kishin Shinoyamas 1979/80 entstandene Bilder von bayerischen Königsschlössern, speziell denen Ludwigs II., erschrecken im ersten Anblick durch absolute Menschenleere. So sahen schon manche der ersten Photographien von Neuschwanstein aus, die Joseph Albert nach Fertigstellung des Baus in den 1880er Jahren machte. Nymphenburg allerdings wirkt bei Shinoyama so, als sei es übriggeblieben, nachdem die Menschheit den Planeten Erde längst verlassen hat. Das ist eine ganz andere, authentische, repräsentative, auch modische, einladende Festarchitektur des glanzvollen 18. Jahrhunderts, die nach bunter vielfältiger Gesellschaft verlangt. Dieses Schloß hat nichts mit jenen Orten schwarzer Feiern in tageslichtfernen, bengalisch beleuchteten Sälen zu tun.

Ganz anders trifft daher Shinoyamas Konzentration jene Schlösser, die Ludwig aus seinen Träumen und Visionen als ureigene und eigensinnige Kreationen schuf, damit sie ihm zur Erinnerung an ein ideales Königtum dienen und ein magisches Symbol sein konnten: architektonische, dreidimensionale Reminiszenzen an eine monomanisch imaginierte Vergangenheit von Größe, Absolutheit und Ideal. Dabei hatte Ludwig sogar einmal die Idee, daß mit seinem Tod auch seine Schlösser zu verschwinden hätten. Shinoyamas ruhig-spannungsvolle Genauigkeit besitzt die Kraft der Verwandlung, selbst ein echter Schwan ist da mehr Kunst als Leben.

Mit dieser konzentrierten Unaufdringlichkeit, die gleichwohl nichts außer acht läßt und dabei ihren Objekten, Menschen wie Architekturen, Innen- wie Außenräumen nicht denunziatorisch aufs Fell rückt, ihnen also nicht zu nahe kommt, weil das das Geheimnis und die Aura des Motivs verletzen, wenn nicht zerstören würde, hat sich Shinoyama auch dem in selbstgewählter Abgeschiedenheit lebenden, geheimnisumwitterten Maler Balthus genähert und ihn so souverän wie diskret ins Bild gesetzt. Balthus bewohnte ein grandioses Chalet aus dem 18. Jahrhundert im Schweizer Gruyère, auch er ein Monomane seiner Kunst und der Selbstinszenierung. Die Photos halten meisterhaft Neugier und Distanz in der Schwebe, so daß das Haus und sein Besitzer in ihrer imponierenden Merkwürdigkeit erscheinen können. Auch Shinoyamas Bildfolgen von Schlössern und Drehorten des genialen Regisseurs Lucchino Visconti, dessen aristokratischer Kunstwille auf absolute Verwirklichung seiner Ideen drängte, zeigen diese bezwingende Sorgfalt, die den Reichtum, verblichenen Pomp alter Paläste und darin deren einstige und jetzige Schönheit schmerzlich sichtbar macht, ohne jeden Hauch von Sentimentalität. Gerade die Kühle und zurückhaltende Präzision Shinoyamas rücken die Räume, in denen Visconti sich aufhielt, dem Betrachter näher als erwartet. Sie sehen aus, als habe Visconti sie erst kürzlich verlassen.

Wer sich in den Bann der Ludwig-Schlösser begibt, ihre verblüffende Körperlichkeit erfährt, ihren hypertrophen Detailreichtum bewundert, will zuerst kaum glauben, daß der König niemals an Wohnen und Leben in diesen für ihn geradezu heiligen Gemäuern dachte. Es waren seine ganz privaten und doch sinnbildlichen Paläste der fünf Sinne, Gebilde seiner Einbildungskraft, seines Vorstellungs- und Verwirklichungsvermögens aus dem Geiste tief empfundenen König-Seins. Nichts ist dem Zufall überlassen, alle haben ausgeklügelte Bildprogramme, sind in monumentalem Ausmaß das, was der amerikanische Literaturwissenschaftler Kenneth Burke »symbolic action« genannt hat. Ludwig, so sagen es manche Kunsthistoriker und Biographen, habe sich etwa Neuschwanstein als ein Theater aus *Lohengrin*-, *Tannhäuser*- und *Parsifal*-Prospekten gebaut. Aber es sind keine Kulissen, sondern tatsächlich begehbare Räume, materialisierte Raumphantasien für einen einzigen Regisseur, der zugleich sein Schauspieler und Zuschauer war: Ludwig selbst. Ludwig unterschied in sich zwischen jener Gestalt, die das »Wachsen des Königsgefühls« freudig spürte und die König zu sein hatte, sich also als Inkarnation des idealen Monarchen verstand, und jener leiblichen Person, die den gewöhnlichen menschlichen Notwendigkeiten ausgeliefert war und bescheiden und anspruchslos lebte gleichsam im Dienste der großen Idee.

Der Kunsthistoriker Hans Gerhard Evers hat die Schlösser als gewaltige Selbstbildnisse des Königs gedeutet. Und tatsächlich liegt in ihrer extremen Verschiedenheit und Unverwechselbarkeit, im Zauber ihrer je einzigartigen Örtlichkeit etwas von den je verschiedenen Ausprägungen dessen, was ein König von Gottes Gnaden sei. Ludwig wollte zu Gralsburg, Königsvilla, Versailles die Steigerung ins Aberwitzige mit der auf hohem Berg konzipierten Burg Falkenstein erreichen und in der Anlage eines chinesischen Palastes auch noch die Herrschergestalt des Kaisers von China in seinen Kosmos der dargestellten und wahrhaften ausgebauten Idee eines Königs par excellence hereinholen. Dieses Nicht-enden-Können und -Wollen gehört zum romantischen Mythos der Entgrenzung und Unendlichkeit. So erging es auch Beckford, der seinen mehrfach eingestürzten Turm in Fonthill immer wieder aufbauen ließ.

Also portraitiert Shinoyama in letzter Konsequenz die verschiedenen Gesichter des absoluten Königs in seinen Kunstwerken, seinen realisierten Traumgebilden, die kein Normalsterblicher betreten und mit tumber Ahnungs- und Empfindungslosigkeit entweihen soll. Und tatsächlich, was kein Besuch der Schlösser zur Gänze erfüllen kann, Traum als Leben zu erfahren, die leibhaftig gewordene Vision, leisten die Photographien Shinoyamas. Sie stellen magische Unnahbarkeit her, zeigen die ideale Schönheit der Landschaften, in denen Ludwigs Portraitschlösser liegen, und ergeben nun jene von ihm beschworene, mit heißem Sehnen erstrebte und machtvoll verwirklichte Verschmelzung, in der Vision und Wirklichkeit, Natur und Kunst, Leben und Traum unauflösbar in eins sinken. In Shinoyamas Bildern gibt es die unübertretbaren Grenzen zwischen Diesseits und Jenseits nicht, an denen der König am Ende gezwungen wurde zu scheitern.

TAFELN

I *Schloß Nymphenburg*

SEITE 27

Schloß Nymphenburg, vom Kanal aus gesehen, der mitsamt der Lindenallee 1730 angelegt wurde

SEITE 28/29

Schloß Nymphenburg, Stadtansicht vom Wasserbecken aus mit den Nebengebäuden Marstallmuseum, Museum Nymphenburger Porzellan, Verwaltung, Museum Mensch und Natur und Brunnenhaus

Schloß Nymphenburg, Stadtansicht der gestaffelten Fassade mit Ehrenhof

Schloß Nymphenburg, Hauptgebäude mit seitlichen Verbindungsbauten und Wasserbecken

SEITE 32/33
Schloß Nymphenburg, Detail der Hauptfassade mit Pilastergliederung und den großen, doppelgeschossigen Rundbogenfenstern, entworfen von Henrico Zucalli und Joseph Effner

SEITE 35

Schloß Nymphenburg, Gartenanlage: das Große Parterre mit Marmorfiguren, die nach 1769 unter Max III. Joseph im Park aufgestellt wurden; hier Juno, Gemahlin des Zeus, mit Spiegel und Pfau

SEITEN 36/37 UND 38/39

Schloß Nymphenburg, die von Joseph Effner entworfene barocke Gartenanlage mit Großer Parterre, Fontäne, Hauptkanal und abschließender Kaskade. Die 200 Hektar umfassende Gesamtanlage des umgebenden Parks gestaltete Friedrich Ludwig von Sckell später in einen Landschaftsgarten um.

SEITE 40/41

Schloß Nymphenburg, Seitenflügel

SEITE 42/43

Schloß Nymphenburg, Park

SEITE 45

Schloß Nymphenburg, der Steinerne oder Große Saal im Hauptbau. Auf dem Deckenfresko ließ Kurfürst Max III. Joseph das »blühende Arkadien« mit antiken Gottheiten darstellen. 1745 hatte er den Frieden von Füssen geschlossen und damit die Grundlage für ein wirtschaftliches Wiederaufblühen des Landes geschaffen.

SEITE 46/47

Schloß Nymphenburg, der Steinerne oder Große Saal mit Durchblick zum Garten. Die beteiligten Künstler waren Henrico Zucalli, François Cuvilliés und Johann Baptist Zimmermann.

Schloß Nymphenburg, das Schlafzimmer der Königin Marie von Preußen und Geburtszimmer König Ludwigs II. (25. August 1845)

SEITE 49
Schloß Nymphenburg, die sogenannte Schönheitsgalerie König Ludwigs I. mit Portraits von Joseph Stieler (1827–1850)

SEITE 50
Schloß Nymphenburg, Park

SEITE 52/53
Parkanlage Schloß Nymphenburg, das Jagdschlößchen Amalienburg, ein Geschenk des Kurfürsten Karl Albrecht an seine Gemahlin Amalie Maria. Entworfen wurde es von François Cuvilliés (1734–1739).

SEITE 54/55
Amalienburg, der Spiegelsaal, ein lichtdurchfluteter, von einer Flachkuppel überwölbter kreisrunder Raum mit Rocaille-Dekoration aus silbernem Stuck

Amalienburg, die Küche, verkleidet mit blau-weißen holländischen Kacheln

II *Burg Hohenschwangau*

Der Alpsee

Ein Schwan auf dem Alpsee

SEITE 62/63
Burg Hohenschwangau vor den Tiroler Alpen

SEITE 65
Burg Hohenschwangau in einer Winternacht

SEITE 66/67
Burg Hohenschwangau, Gesamtansicht der ab 1832 renovierten und ausgebauten Anlage

SEITE 69

Burg Hohenschwangau, Blick aus einem der hochgelegenen Räume über den oberen Burghof hinweg auf Schloß Neuschwanstein

III *Schloß Neuschwanstein*

SEITE 73
Schloß Neuschwanstein im Morgendunst

SEITE 74/75
Schloß Neuschwanstein, Gesamtansicht von Süden

SEITE 76
Schloß Neuschwanstein, der Königsbau oder Palas

SEITE 77
Die Westfassade des Palas

Schloß Neuschwanstein, Blick vom Balkon des Thronsaals auf den Alpsee und die Tiroler Alpen

SEITE 79
Schloß Neuschwanstein, Ausblick

SEITE 80/81
Schloß Neuschwanstein, Blick vom Balkon des Thronsaals auf die Tiroler Alpen

SEITE 82
Schloß Neuschwanstein, Ausblick auf die Marienbrücke über der Pöllatschlucht

SEITE 83
Schloß Neuschwanstein, oberer Schloßhof mit Palas und dem Ritterhaus rechts

Schloß Neuschwanstein, oberer Schloßhof mit Palas (Rohbau 1873–1880, ab 1881 Innenausbau) und Ritterhaus (Rohbau 1882–1886)

SEITE 85
Schloß Neuschwanstein, der 1873 fertiggestellte Torbau

SEITE 86/87
Schloß Neuschwanstein, Gesamtansicht im Winter

SEITE 88/89
Die Pöllatschlucht im Winter

SEITE 90/91
Schloß Neuschwanstein mit Alpsee und Burg Hohenschwangau

Schloß Neuschwanstein, Ausblick

SEITE 93
Schloß Neuschwanstein, Ausblick auf Burg Hohenschwangau

SEITE 94
Schloß Neuschwanstein, von oben gesehen

SEITE 95
Schloß Neuschwanstein, der Viereckturm

SEITE 97
Schloß Neuschwanstein, Vorraum

Schloß Neuschwanstein, das Wohnzimmer. Der Schwan aus Majolika, 1884 geliefert, war als Blumenvase gedacht.

SEITE 99
Schloß Neuschwanstein, das Wohnzimmer. Das Wandbild zeigt die Ankunft Lohengrins in Antwerpen.

SEITE 100/101
Schloß Neuschwanstein, der Thronsaal, 1884 von Julius Hofmann entworfen. Der Mosaikfußboden, von der Wiener Firma Detoma ausgeführt, zeigt den Erdenkreis mit Tieren und Pflanzen.

SEITE 102
Schloß Neuschwanstein, der byzantinische Thronsaal: Apsis und Kuppel

Schloß Neuschwanstein, die Mittelsäule im nördlichen Treppenturm, eine Dattelpalme aus stuckiertem Marmor

SEITE 104/105
Schloß Neuschwanstein, die Grotte zwischen Schlaf- und Arbeitszimmer, eine kleine, künstliche Tropfsteinhöhle, die der Hörselberg-Grotte aus der Tannhäuser-Sage nachempfunden ist.

IV *Schloß Linderhof*

SEITE 109

Schloß und Park Linderhof. Ludwig II. ließ die »königliche Villa« von Georg Dollmann und Philipp Perron 1869–1879 errichten, den Garten legte Carl von Effner 1872–1880 an.

Schloß Linderhof mit Wasserparterre, Wasserbecken und Fontäne

Schloß Linderhof, Giebel der Hauptfassade mit dem königlichen Wappen und einem von dem Bildhauer Frank Walker in Zinkguß ausgeführten »Atlas« als Bekrönung.

SEITE 112/113
Schloß Linderhof, »Flora und Putten«, Brunnenfiguren aus vergoldetem Zinkguß, im Wasserbecken vor der Hauptfassade

SEITE 114/115
Schloß Linderhof, Blick auf die Hauptfassade vom Wasserparterre aus

Schloß Linderhof, das östliche Parterre der Gartenanlage, Springbrunnenbecken mit der vergoldeten Figurengruppe eines pfeilschießenden Amors und Putten, in den Heckennischen steinerne Allegorien der vier Elemente

Schloß Linderhof, Blumenrabatte mit barockem Schneckenornament

SEITEN 118 UND 119
Schloß Linderhof, Pavillon im Garten

SEITEN 120 UND 121
Schloß Linderhof, am »Linderbichl«, eine nach dem Vorbild italienischer Renaissancegärten gestaltete Terrassenanlage mit symmetrischen Flügeltreppen. Am Podest des ersten Treppenlaufs ein dreiteiliger Schalenbrunnen mit Najaden, darüber in der mittleren Nische eine Büste der von Ludwig II. hoch verehrten Königin Marie Antoinette. Den Abschluß bildet ein Rundtempel mit Venus-Statue.

SEITE 122
Schloß Linderhof, Südhang mit Venustempel

SEITE 123
Schloß Linderhof, Nordhang mit Kaskade

SEITE 125
Schloß Linderhof, das westliche Gobelinzimmer, auch Musikzimmer.
Der Pfau stammt aus der Porzellanmanufaktur Sèvres.

SEITE 127

Schloß Linderhof, das Rosa Kabinett. Die Wände sind mit rosafarbener Seide bespannt, die Pastellbildnisse von Persönlichkeiten des französischen Hofes haben vergoldete Schnitzrahmen.

SEITEN 128 UND 129
Schloß Linderhof, das Schlafzimmer, 1884 neu gestaltet, mit Prunkbett, Baldachin und dem Sonnenwagen Apolls an der Decke

SEITE 130/131
Schloß Linderhof, der Maurische Kiosk, Innenraum. 1867 von dem Berliner Architekten Karl von Diebitsch für den Garten des böhmischen Schlosses Zbirow entworfen und 1876 von Ludwig II. erworben, wurde er von Georg Dollmann für Linderhof mit kostbaren orientalischen Materialien neu ausgestattet.

SEITE 132/133
Schloß Linderhof, die Venusgrotte, eine 1877 von dem Landschaftsplastiker August Dirigl gestaltete künstliche Tropfsteinhöhle. Im Vordergrund der vergoldete Muschelkahn und jenseits des Sees das Gemälde »Tannhäuser im Venusberg« von August Heckel. Lichteffekte wurden durch rotierende Glasscheiben vor 24 Bogenlampen erzeugt; die jetzige Beleuchtungsanlage ist unter Wasser installiert.

V *Schloß Herrenchiemsee*

Schloß Herrenchiemsee, Abendstimmung über der Herreninsel

SEITE 138/139
Schloß Herrenchiemsee, der in den Chiemsee mündende Kanal

Schloß Herrenchiemsee, die Gartenfassade, vom zweiten Parterre aus gesehen.
Die Grundsteinlegung erfolgte 1878, 1879 begann man mit dem Innenausbau.

Schloß Herrenchiemsee, eine Figur des Fortuna-Brunnens,
im Hintergrund die Gartenfassade.

SEITE 142/143
Schloß Herrenchiemsee, die Gartenfassade

SEITE 144/145
Schloß Herrenchiemsee, der Latona-Brunnen, eine Nachbildung des gleichnamigen Brunnens in Versailles; auf den Stufen unter der Marmorfigur der »Latona« Schildkröten, Lurche und die in Frösche verwandelten lykischen Bauern, alle aus Bleiguß

SEITE 146/147
Schloß Herrenchiemsee, die von Effner gestaltete Gartenanlage mit geometrischen Rasenflächen und Teppichbeetpflanzungen

SEITE 149
Schloß Herrenchiemsee, das südliche Prunktreppenhaus, gestaltet nach dem Vorbild der Gesandtentreppe (Escalier des Ambassadeurs) in Versailles. Die Wände sind mit Marmor oder Stuckmarmor verkleidet und mit Gemälden und Stuckfiguren reich dekoriert. Das Glasdach ist eine für die damalige Zeit hochmoderne technische Meisterleistung.

SEITE 150/151
Schloß Herrenchiemsee, der ovale Baderaum mit Marmorbecken. Die Malereien an Wänden und Decke sind Venus gewidmet: »Geburt der Venus«, »Venus in der Schmiede des Vulkan«, und »Toilette der Venus«.

SEITEN 152 UND 153
Schloß Herrenchiemsee, das Prunkbett im Paradeschlafzimmer mit geschnitzter und vergoldeter Balustrade, vergoldeten Stukkaturen und mythologischen Figurengruppen. An der Rückwand die Sonne, Sinnbild Ludwigs XIV.

SEITE 154
Schloß Herrenchiemsee, Spiegelkonsole mit »Diana«-Aufsatz im Porzellankabinett

SEITE 155
Schloß Herrenchiemsee, Porzellangemälde auf den Flügeltüren des Porzellankabinetts

SEITE 156/157
Schloß Herrenchiemsee, der Kamin im Porzellankabinett

SEITE 158/159
Schloß Herrenchiemsee, die Große Spiegelgalerie,
1879–1881 von Dollmann nach Versailler Vorbild ausgeführt

SEITE 160/161
Schloß Herrenchiemsee, die Spiegelgalerie mit Festbeleuchtung

SEITE 163
Schloß Herrenchiemsee, Marmorstatue König Ludwigs II.
im Ornat des Georgi-Ritterordens im nördlichen Treppenhaus

SEITE 164/165
Schloß Herrenchiemsee, das unvollendet gebliebene nördliche Treppenhaus

VI *Schloß Berg*

Schloß Berg, das ehemalige kurfürstliche Jagdschloß, von Maximilian II. Joseph zum Burgschloß umgebaut, wurde nach der Renovierung wieder ein einfacher, aber nobler Herrensitz.

SEITE 170/171
Schloß Berg, das Gedenkkreuz für Ludwig II. am Ufer des Starnberger Sees

Gedenkkreuz im Starnberger See an der Stelle, wo Ludwig II. starb

ANHANG

1 *Schloß Nymphenburg*

Die herrschaftliche Pracht der alten Wittelsbacher Regentschaft spürt man noch heute vor der weit ausladenden Fassade des ehemaligen fürstlichen Sommerdomizils.

»Borgo delle ninfe« taufte Kurfürstin Adelheid Henriette, Gemahlin des Kurfürsten Ferdinand Maria, vor 340 Jahren das Schloß Nymphenburg. Zu dieser Zeit noch auf dem freien Land gelegen und zwei Wegstunden von der Residenzstadt München entfernt, liegt es heute im westlichen Stadtgebiet, umgeben von einem ausgreifenden Kanalsystem und einem Landschaftsgarten englischer Prägung.

Schloß Nymphenburg ist nicht nur der Ort, an dem Kurfürst Karl Albrecht, der spätere Kaiser Karl VII. (ab 1742), mit seiner Hofgesellschaft regelmäßig die Sommermonate Mai bis Oktober verbrachte, sondern auch der Ort, an dem König Ludwig II. 1845 als Sohn von Maximilian II. Joseph und Marie Friederike von Preußen geboren und getauft wurde.

*

Adelheid Henriette von Savoyen verfolgte ehrgeizige Pläne, als sie auf der Schwaige Kemnat, die sie anläßlich der Geburt des Thronfolgers Maximilian II. Emanuel 1662 von ihrem Gatten geschenkt bekommen hatte, ein Landschloß errichten lassen wollte. Die einheimischen Baumeister waren ihr »più idioti«, und so ließ sie kurzerhand Agostino Barelli aus Bologna nach München kommen. 1664 bis 1675 entstand eine Villa im Charakter einer römischen »villa suburbana«. Der kubische Block, der heutige Mitteltrakt der Anlage, erinnerte mit den regelmäßigen, durch Gurtgesimse getrennten fünfgeschossigen Fensterfronten eher an einen der Renaissance als dem Barock verpflichteten Bau.

Der Prinzessin aus Savoyen und ihrem Gatten Ferdinand Maria blieb allerdings nur wenig Zeit, das neue Landschloß zu bewohnen: Adelheid Henriette starb 1676 nach einem Brand in der Münchner Residenz, ihr Mann folgte ihr drei Jahre später.

Der Sohn, Maximilian II. Emanuel, der mit 18 Jahren die Regierungsgeschäfte des Vaters zu übernehmen hatte, entwickelte noch ambitioniertere Pläne als seine Mutter. Als Feldherr war er mit Siegen über die Türken vor Wien, Mohácz und Belgrad zu Ruhm gekommen. 1685 hatte er die Habsburger Kaisertochter Maria Antonia geheiratet, war zum Statthalter über die spanischen Niederlande in Brüssel ernannt worden und in den Kampf um die spanische Erbfolge König Karls II. verwickelt. Fieberhaft bemüht, Rang und Ansehen seines Hauses zu vermehren, begann Max Emanuel 1701 den großzügig geplanten Ausbau des Nymphenburger Schlosses. Agostino Barelli war inzwischen ausgeschieden und durch den Graubündener Architekten Henrico Zucalli ersetzt worden. Zusammen mit dem Hofbaumeister Antonio Viscardi, der die Bauführung übernahm, wurden die ersten Veränderungen vorgenommen. Zucalli entwarf eine neue Fassadengestaltung mit großen Fenstern im Mittelteil und erweiterte die Schloßanlage, indem er dem Hauptgebäude gestaffelte, dreigeschossige Pavillonbauten anfügte, die durch Galeriebauten miteinander verbunden waren. Diese erste rege Bauphase kam allerdings bald durch den Spanischen Erbfolgekrieg zum Erliegen, in dem Max Emanuel bittere Niederlagen auf dem Schlachtfeld hinnehmen mußte. Erst 1714, als der Kurfürst aus dem Exil nach München zurückkehrte, konnten die Arbeiten fortgesetzt werden. Der nächste »Star« auf der fürstlichen Baustelle war der Dachauer Gärtnerssohn Joseph Effner. Er machte Karriere am Münchner Hof und brachte es bis zum Oberhofbaumeister. Vom Kurfürsten protegiert, wurde er zum Studium nach Paris geschickt und konnte so in Nymphenburg mit den Kenntnissen des neuesten Louis-quatorze-Stils aufwarten, den Max Emanuel schon während seines Exils bei Ludwig XIV. kennengelernt hatte. Die Fassade des Hauptbaus erhielt nun ihre endgültige barocke Gestalt. Und um ganz dem Repräsentationsbedürfnis des bayerischen Kurfürsten zu genügen, fügte Effner noch die äußeren Flügelbauten, Marstall und Orangerie hinzu. Aber Max Emanuel war dies noch nicht genug. In dem von Joseph Effner und Dominique Girard neu gestalteten Park – der mit Kanalmittelachse, Kaskade, Großer Parterre, Bosketts, Heckenwänden, geometrisch angelegten Wegen, Blumenornamenten und Wasserspielen alle Vorgaben eines französischen Barockgartens beeindruckend erfüllte – sollte Effner noch zwei Lustschlösser und eine Klause errichten. Und so entstand im Zeichen der exotischen Chinamode des 18. Jahrhunderts von 1716 bis 1719 die Pagodenburg, der 1718 bis 1721 die Badenburg nach dem Vorbild türkischer Badehäuser folgte. Zu guter Letzt entwarf Effner die Magdalenenklause, eine Art Eremitage und künstliche Ruine, weniger ein Ort des Vergnügens als der Stille, an den sich der alternde Fürst zurückziehen konnte.

1726 betrat Max Emanuels Sohn, Kurfürst Karl Albrecht, die politische Bühne des Hauses Wittelsbach. Seine Baupläne in Nymphenburg sahen die Anlage einer ganzen Stadt, der »Carlstadt« vor, die sich radial um Schloß und Ehrenhof entwickeln sollte. Ein weites Rondell mit Wohnpavillions, ein Kanalsystem mit Auffahrtsalleen sowie kleine Ansiedlungen entlang des Schloßkanals für Handwerker, Gewerbetreibende und Künstler entstanden. Nach dem Tod Karl Albrechts 1745 wurde das städtebauliche Projekt fallengelassen.

Gleichsam die Perle des Schloßparks wird nun das Jagdschlößchen Amalienburg (1734–1739), entworfen von Hofbaumeister François Cuvilliés d. Ä., der schon mit elf Jahren an den Hof Max Emanuels gekommen war und dort zunächst als Hofzwerg erzogen und unterrichtet wurde. Ein Rivale Joseph Effners, studierte auch er in Paris und prägte den Stil des Rokoko in München. Die Amalienburg, ein Geschenk Karl Albrechts an seine Habsburger Gattin Amalie Maria, diente als »maison de plaisance« den Vergnüglichkeiten nach der Jagd sowie besonderen Hoffesten. Der von einer Flachkuppel überwölbte, kreisrunde Spiegelsaal zu ebener Erde, mit silberner Stuckdekoration von Johann Baptist Zimmermann bot eine beispiellose Raumkulisse. Die Wand löst sich auf in hohen Fenstern und Spiegeln und der Leichtigkeit spätbarocker Dekorationsfreude.

Unter Kurfürst Maximilian III. Joseph (reg. 1745–1777) konnte noch einmal das erfolgreiche Team Cuvilliés/Zimmermann im Hauptschloß tätig werden. 1755 bis 1757 gestalteten sie den Großen Saal des Mittelbaus neu und bekrönten ihn mit einem götterreichen Deckengemälde.

Kurfürst Karl Theodor (reg. 1777–1799) rief den Hofgärtner Friedrich Ludwig Sckell nach München und öffnete den Schloßpark 1792 dem Publikum. Zwölf Jahre später, unter Kurfürst Max Joseph IV., sollten weite Teile des einst modernen Barockgartens einem englischen Landschaftsgarten weichen, angelegt von Ludwig Sckell. Die Große Hauptparterre blieb jedoch erhalten.

Hauptsehenswürdigkeiten:
Schloß mit Großem Saal, Wohnräumen der Wittelsbacher; Geburtszimmer Ludwigs II.; Schönheitsgalerie, Marstallmuseum; Parkanlage mit Amalienburg, Badenburg, Pagodenburg

Öffnungszeiten:
Nymphenburg, Amalienburg, Marstallmuseum, Museum Nymphenburger Porzellan:
April bis Ende September: 9–17 Uhr
1. mit 15. Oktober: 9–16 Uhr
16. Oktober bis Ende März: 10–16 Uhr
Mittagspause von 12.30–13.30 Uhr
Schloß Nymphenburg Montags geschlossen, Amalienburg geöffnet
Badenburg, Pagodenburg z. Zt. nicht zugänglich

Magdalenenklause:
April bis Ende September: 10–17 Uhr
Oktober bis Ende März geschlossen
Mittagspause von 12.30–13.30 Uhr
Montags geschlossen

II *Burg Hohenschwangau*

»Hohenschwangau ist ein wahres Feenschloß!«, schrieb Ludwig I. 1844 an seinen Sohn Maximilian II. Joseph, nachdem er zum ersten Mal das hoch über dem Alpsee gelegene, frisch restaurierte Schloß besichtigt hatte. Den märchenhaften Charme des Ortes mitsamt seiner Burgruine aus dem frühen Mittelalter hatte Maximilian bereits in Jugendjahren bei einer Wanderung durch das Allgäuer Land entdeckt. Drei Jahre lang verhandelten der Kronprinz und sein Hofmaler Domenico Quaglio, bis er den alten Burgsitz 1832 für 7000 Gulden erwerben konnte. Hohenschwangau wurde zum beliebten Sommersitz seiner Familie.

Schwanstein war eine von mehreren Burgen, die die Ritter von Schwangau, Lehensleute der Welfen, entlang der römischen Via Claudia Augusta im 11. Jahrhundert erbauten. Nachdem das Schwangauer Geschlecht, dessen Wappen der Schwan zierte, 1535 ausstarb, wechselte die Burg mehrfach den Besitzer. Nach dem Kaiserlichen Rat Haller von Hallerstein, dem Augsburger Kaufmann Johannes von Baumgartner, Herzog Albrecht V., dem Söldner Narziß Heiserer, Ludwig Fürst von Oettingen-Wallenstein und dem Topographen Adolph Sommer stehen am Ende der langen Besitzerliste der spätere König (ab 1848) Maximilian II. Joseph und sein Sohn Ludwig II.

*

Domenico Quaglio, Sohn einer italienischen Künstlerfamilie, leitete nach den Verkaufsverhandlungen den Ausbau und die Restaurierungsarbeiten der im Tiroler Krieg 1809 schwer beschädigten Burg Hohenschwangau. Als Theater- und Architekturmaler wurde Quaglio besonders wegen seiner Veduten mittelalterlicher Baudenkmäler hoch geschätzt. Auf Anweisung des Prinzen versah er das Burgschloß mit gotischen Bauelementen und vier mächtigen Wehrtürmen. Ganz im Sinne der Mittelalterverehrung des 19. Jahrhunderts entstand hier auf den Grundmauern einer alten historischen Anlage ein romantisches Domizil.

1836, ein Jahr vor dem Tod Quaglios, bewohnte Maximilian II. Joseph zum ersten Mal sein Schloß. Joseph Daniel Ohlmüller (1837–1839) und Georg Friedrich Ziebland (1839–1855), der auch in München größere Baustellen zu betreuen hatte, setzten die Renovierungsarbeiten fort.

Entsprechend der äußeren Erscheinung wurde auch bei der Ausstattung der Innenräume auf mittelalterliche Thematik zurückgegriffen. Szenen aus Legenden und Dichtungen des Mittelalters schmücken flächendeckend die Säle und Zimmer des Schlosses. Der Schwan, gräfliches Wappentier einerseits, Sinnbild der Reinheit und Inbegriff der Wagner'schen Opernsymbolik andererseits, wird hier zum Leitmotiv erhoben. Moritz von Schwind, Hauptvertreter der süddeutschen Romantik, entwarf das Bildprogramm für den großen, die gesamte Länge des Baus einnehmenden Rittersaal und wählte Szenen aus der altnordischen Wilkina-Sage. Auch das Autharizimmer (Geschichte der Brautwerbung des Langobardenkönigs Authari um die Agilolfingertochter Theodelinde), das Arbeitszimmer (Bilder aus dem Ritterleben) und das Tassozimmer (Geschichte von Rinaldo und Armida aus Torquato Tassos *Befreitem Jerusalem*) sind in jenem historisierenden, narrativen und märchenhaften Stil gehalten, für den der spätere Münchner Akademieprofessor Schwind zu seiner Zeit berühmt war. Nachhaltig beeindruckt zeigte sich Ludwig II. von den Bildern Christian Rubens', einem Schüler von Peter Cornelius, der im Schwanenrittersaal die Lohengrin-Sage erzählte. Wilhelm Lindenschmit dagegen schmückte die königlichen Gemächer mit historischen Themen: Szenen aus der Geschichte der Wittelsbacher (Schyrenzimmer), der Hohenstaufen (Hohenstaufenzimmer, Ankleideraum) und Heinrichs des Löwen (Welfenzimmer).

Schon Maximilian II. Joseph hatte also in seinem »Feenschloß« eine Sagenwelt erschaffen, geprägt von der Bildwelt Richard Wagners, die für seinen Sohn Ludwig zur Lebenswelt werden sollte. Der junge König ließ sich in Hohenschwangau sein Traumreich installieren – mit Hilfe der neuesten Technik: An der Decke des Tassilozimmers brachte ein Theatermaschinist einen künstlichen Mond vor nächtlichem Sternenhimmel an, und eine Regenbogenmaschine, künstliche Orangenbäume und ein plätschernder Felsbrunnen sorgten für vollendetes romantisches Ambiente im Schlafzimmer. Nach dem Tod Ludwigs II. ließ seine Mutter Marie Friederike von Preußen, die von ihrem Sohn schon immer als zu »prosaisch« bezeichnet worden war, alle diese Einbauten wieder demontieren.

Öffnungszeiten:
April bis Ende September: täglich 9–18 Uhr
Oktober bis Ende März: täglich 10–16 Uhr
Schließungstag: 24. Dezember

Ticketverkaufszeiten:
April bis Ende September: täglich 7.30–17.30 Uhr
Oktober bis Ende März: täglich 8.30–15.30 Uhr

III *Schloß Neuschwanstein*

Ohne Wagner kein Neuschwanstein! 1868 schreibt der bayerische König Ludwig II. an seinen Intimus Richard Wagner: »Ich habe die Absicht, die alte Burgruine Hohenschwangau bei der Pöllatschlucht neu aufbauen zu lassen im echten Stil der alten deutschen Ritterburgen ...«. Er wolle den »göttlichen Freund ... in einem würdigen Tempel ... mit einer herrlichen Aussicht ... schöner und wohnlicher« beherbergen können als im nahe gelegenen Hohenschwangau.

Es war unter den Fürsten des Landes in Mode gekommen, sich der eigenen mittelalterlichen Burgherrenzeit zu erinnern; man restaurierte seine alten Stammessitze, so auch die Wartburg bei Eisenach (1867). Von ihr ließ sich Ludwig II. inspirieren. Sie wird zur Grundlage der Entwürfe. Nur stilreiner sollte sein Neubau werden und in der Ausstattung den modernen technischen Errungenschaften entsprechen.

*

Neuschwanstein mit seinen hohen grauen Türmen erhebt sich wie ein fiktives Bild auf dem Felsen. Landschaft scheint hier zur Theaterkulisse zu werden. Während heute an die 6000 Besucher täglich auf den Schloßberg strömen, beanspruchte Ludwig II. diesen Ort ganz für sich allein. Ohne Publikum wollte er in romantischer Verklärung seine Königswürde zelebrieren und sich in die Wagner'sche Opernwelt zurückziehen.

Vom Tassilozimmer des elterlichen Schlosses Hohenschwangau aus konnte der König die Bauarbeiten an seinem neuen Projekt, das er dem Hofbaudirektor Eduard Riedel anvertraut hatte, verfolgen. Ein Bühnenmaler, der Münchner Christian Jank, lieferte die Entwürfe.

Die beiden Burgruinen Vorder- und Hinterhohenschwangau wurden abgetragen, eine Felskuppe gesprengt, und der Schloßbau begann, ab 1872 unter der Bauleitung des Hofarchitekten Georg von Dollmann. 1873 war der zinnenbekrönte Torbau mit flankierenden Ecktürmen fertiggestellt, den der König mehrere Jahre bewohnte. Unterer und oberer Schloßhof entstanden, das Ritterhaus, der Kemenatenbau (1890–1892) und schließlich der alles überragende Palas mit schlanken gotischen Türmchen, verkleidet mit grauem Kalkstein. 1881 begann man mit dem Innenausbau, den ab 1884 wieder ein neuer Architekt, Julius Hofmann, leitete. Der König forderte wohnlichen Komfort: Alle Räume wurden über eine zentrale Warmluftheizung versorgt, es gab fließendes Wasser, eine Heißwasser-Aufbereitung, elektrische Rufanlagen und zwei Telefonanschlüsse. Nach mittelalterlicher Baupraxis gestaltete man das vierte Obergeschoß zuerst und richtete, dem Vorbild Wartburg entsprechend, auch hier einen prunkvollen Sängersaal ein. Ein von Angelo Quaglio geschaffenes Bühnen-Modell für eine Münchner *Tannhäuser*-Inszenierung wurde in die Raumplanung mit einbezogen. Szenen der Parzifal-Sage von Wolfram von Eschenbach dekorieren die Wände. August Spieß führte die Wandgemälde nach Entwürfen Julius Hofmanns aus.

Im dritten Obergeschoß wurden Thronsaal und Königswohnung errichtet. Der hohe, zwanzig Meter lange Raum überrascht mit kühler, gold und blau schimmernder Pracht. Der Besucher scheint einen byzantinischen Kirchenraum zu betreten. Stufen aus weißem Carrara-Marmor führen feierlich in die erhöhte Apsis. Der Thronsessel, der hier unter einem Baldachin stehen sollte und auf dem Ludwig II. nach mittelalterlicher Manier sein Königtum von Gottes Gnaden zu legitimieren suchte, kam nie zur Ausführung. Christliches Bildpersonal erscheint ikonenhaft vor dem Goldgrund der Apsis: heiliggesprochene Könige zwischen Palmen; Christus, umgeben von Maria, Johannes und einem Engelreigen. Die doppelgeschossigen Säulenarkaden, die den Raum in der Länge gliedern, scheinen in kostbaren Materialien wie Porphyr und Lapislazuli zu glänzen. Imitationen aus Stuck täuschen hier das Auge. Ein Mosaikfußboden zeigt den Erdenkreis mit Tieren und Pflanzen. Eduard Illes und Julius Hofmann gestalteten einen Raum, der sowohl byzantinische Sakral-Architektur zitiert

Neuschwanstein – Burgfelsen mit den Ruinen der ehemaligen Burg Vorderhohenschwangau, um 1860

Öffnungszeiten:
April bis Ende September: täglich 9–18 Uhr
Oktober bis Ende März: täglich 10–16 Uhr
Schließungstage:
1. Januar, 24. Dezember, 25. Dezember, 31. Dezember, Faschingsdienstag

Ticketverkaufszeiten:
April bis Ende September: täglich 7.30–17 Uhr
Oktober bis Ende März: täglich 8.30–15 Uhr

als auch der historisierenden Allerheiligen-Hofkirche der Münchner Residenz seine Referenz erweist.

In den Räumen der Königswohnung dominiert der Eindruck dunkler, üppiger Holzvertäfelungen. Das Schlafzimmer des Königs wurde mit Schnitzereien aus Eichenholz in die Zeit der Spätgotik verlegt. Wandgemälde mit Szenen aus *Tristan und Isolde* versetzten Ludwig II. in die Opernwelt Richard Wagners. Auch die Wandbilder des königlichen Wohnzimmers mit Darstellungen aus der Lohengrin-Sage erinnerten den König an seinen verehrten Freund. *Lohengrin*, den er bereits 1861 in einer Münchner Wagner-Inszenierung gesehen hatte, wählte Ludwig II. zu seinem Lieblingshelden. In der sich anschließenden, künstlich nachgebildeten Hörselberg-Grotte zwischen Wohn- und Arbeitszimmer konnte sich der König wiederum in die Welt Tannhäusers versetzt fühlen, ein Wagner-Thema, das sich im romanisch gestalteten Arbeitszimmer an den von Joseph Aigner gestalteten Wänden fortsetzt.

Das zweite Obergeschoß, für das die Alhambra bei Granada Pate stehen sollte, blieb unvollendet.

Ludwig II. ließ sich auf einem Felsen im Voralpenland ein Burgschloß errichten, dessen märchenhafte Erscheinung als Kulisse für eine selbstinszenierte Welt der Götter und Sagenhelden fungierte. »Die Götter«, so schrieb er, »werden oben weilen bei Uns auf steiler Höh, umweht von Himmelsluft.«

Schloß Neuschwanstein nach der Fertigstellung 1886. Photographien von Joseph Albert

IV *Schloß Linderhof*

In einem alpinen Hochtal wandelt man selten unter Palmen. In dem fünfzig Hektar großen Park der »Königlichen Villa« Linderhof jedoch wähnt sich der Besucher zuweilen jenseits der Alpen. Der mit einem Adelstitel belohnte Hofgartendirektor Carl von Effner legte im Graswangtal 1872–1880 einen Garten an, der in historistischer Vielfalt das Schloß schützend umgibt. Die Wasserparterre mit einer vergoldeten »Flora« in der Mitte, bunte Blumenrabatten, mediterrane Pflanzen und morgenländische Pavillons versetzen den Besucher weit in den Süden. Erst wenn er sich aus dem Schatten der Bäume herausbewegt, öffnet sich ihm die Sicht auf das 1869 bis 1879 von Georg Dollmann und Philipp Perron im Stil spätbarocker französischer Villenarchitektur erbaute zweigeschossige Schloß.

*

Über einem massiven Sockel aus rustizierten Quadern erhebt sich ein vorspringender Mittelrisalit, der sich in drei Achsen mit hohen Fenstern zum Park hin öffnet. Hermen, die die Eingangsportale flankieren, tragen den Balkon des Hauptgeschosses. Gebänderte Säulen und Pilaster, Nischenfiguren und eine im Zentrum plazierte Siegesgöttin »Viktoria« geben der Schaufassade eine differenzierte Formensprache. Vor der darüberliegenden Attika mit Ochsenaugenfenstern spreizen Genien ihre Flügel und leiten über zu dem reich besetzten Giebel. Allegorische Figuren, Krone und Wappen tragende Famafiguren, die Tuba blasen, Putten und ganz oben der Titan Atlas bevölkern die Dachspitze.

Im Inneren des Schlosses, im Vestibül, empfängt der Sonnenkönig den Besucher gleich in mehrfacher Personifizierung: Unter der goldenen Sonne im Strahlenkranz, dem Symbol des französischen Herrschers, das an der Decke glänzt, gibt Ludwig XIV. als Reiterstandbild mit der Devise NEC PLURIBUS IMPAR (»Auch Vielen gewachsen«) das Programm des Schlosses vor. Ludwig II. verehrte Frankreichs absolutistischen Herrscher. Dessen Nachfolger, Ludwig XVI., war 1776 Taufpate seines Großvaters Ludwig I. gewesen. Dieser Tatsache wie auch der Namensverwandtschaft maß Ludwig II. außerordentliche Bedeutung bei. 1874 besichtigte er Versailles persönlich und konnte das längst zum Paradigma königlichen Bauens erhobene Schloß mehrere Tage lang bewundern.

In Linderhof nutzt Ludwig II. nun explizit die Gelegenheit, seinen französischen Vorbildern zu huldigen. Säulen und Pilaster in der Versailler Farbe »Rot Urbano« rahmen Vestibül und Treppenhaus. Die zweiflügelige Treppe erinnert in kleinem Maßstab an die Gesandtentreppe in Versailles. Eine Skulptur aus Carrara-Marmor zitiert mit dem Thema der Apotheose Ludwigs XIV. ohne Umschweife das französische Vorbild. Die im »Style Louis XV.« ausgestatteten Kabinette, das Gelbe, Lila, Rosa und Blaue Kabinett, illustrieren französisches Hofleben: Lünettenbilder mit Szenen französischen Hofamüsements und Pastell-Portraits bekannter Versailler Persönlichkeiten dekorieren die Wände.

Höhepunkt der Raumfolge ist das Prunkschlafzimmer, das mit exzessiver goldener Stuckzier an Baldachin, Bett und Balustrade seine Vorbilder noch zu übertreffen scheint: Das Versailler Schlafzimmer Ludwigs XIV. (1701) und das Prunkschlafzimmer der Münchner Residenz von Cuvilliés (1730) wirken dagegen zurückhaltend.

Der dem Schlafzimmer gegenüberliegende Spiegelsaal übertrifft dieses noch an Prunk. Der entwerfende Architekt Georg Dollmann und der Theatermaler Joseph de la Paix ließen kaum einen Quadratzentimeter undekoriert: Die Wandfläche ist mit Stuckzier überzogen; große, in weiß-goldene Vertäfelung eingesetzte Wandspiegel sind von üppigem, goldenem Schnitzwerk gerahmt. In der hier vielfach reflektierten Welt verselbständigt sich das Abbild der Realität. Besonders bei Kerzenlicht konnte sich der Schloßherr in eine scheinbare Unendlichkeit hineinträumen.

Weilte der bayerische König in Linderhof, kündeten zwei lebensgroße Porzellanpfauen, vor dem Haupteingang des Schlosses postiert, von seiner

Anwesenheit. Zu später Tagesstunde mag er einen seiner einsamen Rundgänge angetreten haben, die ihn zum hoch über dem Schloß gelegenen Venustempel oder in die künstliche Venusgrotte führten. Allein wollte der König sein, wenn er dort in einem goldenen Muschelkahn über das auf 28 Grad temperierte, farbig beleuchte und mit Hilfe einer Wellenmaschine bewegte Wasser glitt und sich den imaginären Klängen von Wagners *Tannhäuser* hingab. Die Firma Schuckert hatte hier zur Erfüllung von Ludwigs Sonderwünschen das erste Elektrizitätskraftwerk installiert, und Chemiker hatten ein extra blaues Blau entwickelt.

Vielleicht hätte sich Ludwig aber auch zum Maurischen Kiosk begeben, den er 1867 auf der Pariser Weltausstellung gesehen und später erworben hatte. Unter Palmen, auf einem persischen Pfauenthron sitzend, wurden ihm hier Veilchenbowle, Datteltörtchen und kandierte Veilchenblüten serviert. Oder man hätte ihn in der Hundinghütte auf einem Bärenfellager angetroffen, bei einem Met-Gelage altgermanischen Stils am Stamm einer mächtigen Esche sitzend. Ludwig hatte die Errichtung der Hütte nach dem Besuch von Wagners *Ring des Nibelungen* in Auftrag gegeben.

Auch heute noch lädt der Besuch von Schloß Linderhof dazu ein, den Pfaden Ludwigs II. in der Phantasie zu folgen.

Öffnungszeiten:
April bis Ende September: täglich 9–18 Uhr,
Donnerstag bis 20 Uhr
Oktober bis Ende März: täglich 10–16 Uhr

V *Schloß Herrenchiemsee*

Was hätte Ludwig XIV. von Frankreich gesagt, wenn er in der Spiegelgalerie von Herrenchiemsee beim Schein von 2188 Kerzen auf 52 Kandelabern und 33 Kronleuchtern noch einmal die Augen geöffnet hätte? Nur an wenigen Details hätte er vielleicht seinen Irrtum erkannt, nicht in Versailles zu sein, sondern in einem fremden Schloß auf einer Insel im »bayerischen Meer«, dem Chiemsee.

*

König Ludwig II. muß es gefallen haben, sich die Anwesenheit des französischen Hofes vorzustellen. So befahl er, aus den Fenstern des gerade errichteten Schlosses Herrenchiemsee Persönlichkeiten vom Hofe Ludwigs XIV. »in getreu nachgemachten Kostümen portraitähnlich« hinausschauen zu lassen.

Nur wenigen Zeitgenossen Ludwigs II. war es vergönnt, die neuen Gemächer zu besichtigen. Prinz Ludwig Ferdinand von Bayern und seine Gemahlin Maria de la Paz genossen dieses Privileg 1883 als erste Besucher. Das Schloß in Versailles, so bemerkte der Prinz, sei gegen Herrenchiemsee »eine halbe Ruine mit verblichenem Glanze, mit von Rauch und Staub geschwängerten Gemälden ...«

Als Ludwig II. 1874 euphorisch an Graf Dürckheim-Montmartin schrieb: »Wie an einen wundervollen Traum gedenke ich an meine Reise nach Frankreich, an das endlich erschaute angebetete Versailles«, hatte er die Herreninsel bereits für 350.000 Gulden erworben (1873). Nach langen Vorbereitungen konnte 1878 der Grundstein für sein Schloß Herrenchiemsee gelegt werden, das unter dem Anagramm »Meicost-Ettal« – nach der Devise Ludwigs XIV. »L'état c'est moi«: Der Staat bin ich – schon zehn Jahre früher im alpinen Graswangtal hätte entstehen sollen. »Ein Tempel des Ruhmes«, schrieb Ludwig II., sollte es werden, »worin ich das Andenken an König Ludwig XIV. feiern will.« Da Ludwig II. eine maßstabgetreue Kopie der französischen Spiegelgalerie einschließlich der Eckräume Friedenssaal und Kriegssaal forderte, schickte er seinen Hofbaudirektor Georg von Dollmann, den Hofphotographen und eine ganze Gruppe »gewissenhafter Maler« zu genauen Studien nach Versailles, nachdem man bereits alle verfügbaren Stichvorlagen gesammelt hatte. Ludwig trieb zur Eile, der Bau sollte zügig voranschreiten. Das Schloßkarree mit der langgestreckten, dreigeschossigen Hauptfassade und ihrer regelmäßigen Fenster-, Pilaster- und Säulengliederung entsteht. 1879 beginnt man mit dem Innenausbau, und bereits 1881 ist das Große Appartement mit den Paradezimmern im Stil Ludwigs XIV. errichtet. Der für seine besonderen Leistungen zum Hofoberbaudirektor ernannte Georg von Dollmann kam mehr und mehr in Terminschwierigkeiten; prompt enthob Ludwig II. ihn 1884 seines Amtes. Julius Hofmann wurde herbeizitiert und konnte im folgenden Jahr das Kleine Appartement des Königs fertigstellen. 1885 bewohnte er seine neuen königlichen Räume im Stil des höfischen Rokoko mit Schlafzimmer, Arbeitszimmer, Blauem Salon, Speisezimmer, Porzellankabinett und Kleiner Galerie zum ersten und einzigen Mal. Die Bauarbeiten stockten. Die »königliche Cabinetts-Cassa« und das »Hof-Sekretariat« gaben kein Geld mehr, der Versuch, Anleihen aufzunehmen, scheiterte. Herrenchiemsee blieb unvollendet.

*

Wie in Versailles befindet sich der Haupteingang des Schlosses in einem Seitenflügel. Helles, museales Licht empfängt den Besucher in einem monumentalen Treppenhaus. Durch ein modernes Glasdach fällt es auf die prunkvolle neobarocke Ausstattung und die nachgebildete »Escalier des Embassadeurs« aus Versailles. Diana, Göttin der Nacht und hier Symbol für den »Nachtkönig Ludwig II.«, und Apoll, der Sonnengott, hier Symbol des Sonnenkönigs Ludwig XIV., begrüßen den Besucher in symbolisch befrachteter Dialektik. Dann taucht man ab in die überschwengliche, goldene Pracht der angrenzenden Paradezimmer. Im Zentrum der Schloßanlage überbietet sich der goldene Stuck – wir befinden uns im Hauptraum, dem Paradeschlafzimmer. Im absolutistischen Versailles war dieser ebenfalls im Schloßzentrum gelegene Raum noch öffentlicher Schauplatz monarchischer Machtausübung: Während des »Lever« ging der mit der Sonne sich erhebende König dem politischen Tagesgeschäft nach. Das Paradeschlafzimmer in Herrenchiemsee dagegen ist mit seiner überbordenden Prachtentfaltung an den Wänden, an Baldachin, Balustrade und Kandelabern ein geradezu sakrales, zweckbefreites Raumdenkmal. Am Ende des 19. Jahrhunderts ließ sich Ludwig II. hier eine Kultstätte errichten, die mit einer realen Nutzung im Rahmen eines hochdifferenzierten Hofzeremoniells nichts mehr zu tun hatte. Auch die Große Spiegelgalerie, die die Versailler »Galerie des Glaces« (Hardouin-Mansart/Le Brun 1678–1686) um einige Meter Länge übertrifft, diente lediglich der kultischen Verehrung für das französische Königtum. So erzählen auch die Deckengemälde nicht von bayerischen Verdiensten, sondern, à la Versailles, von den Heldentaten des Sonnenkönigs.

Der Schloßrundgang endet allerdings wie das unsanfte Erwachen aus einem Traum. Konnte der Besucher gerade noch im Porzellankabinett erlesene Kostbarkeiten bewundern, so findet er sich plötzlich im Ziegelrohbau des unvollendeten nördlichen Treppenhauses wieder – ein ungeahnter, ernüchternder Blick hinter die Theaterkulisse. Unter dem Eindruck einer der Zeit entwachsenen Illusion verläßt man das Schloß, um dann jedoch angesichts der königlichen Wasserspiele und barocken Versailles-Zitate – Freitreppe, Latonabrunnen, Blumenparterre, Rasenteppich, Apollobassin und Kanal – wieder in herrschaftliche Gefilde einzutauchen.

Öffnungszeiten:
Museum im Augustiner-Chorherrenstift
(Altes Schloß), Neues Schloß,
König Ludwig II.-Museum:
April bis Ende September: täglich 9–18 Uhr
Oktober bis Ende März: täglich 10–16 Uhr

Wasserspiele:
Mai bis Ende September: 9.35–17.25 Uhr
im Turnus von 15 Minuten

VI *Schloß Berg*

Grandioses Finale der fürstlichen Hirschhatz war der Hirschtod am Starnberger Seeufer unterhalb des Schlosses Berg. Es war ein höfisches Vergnügen der besonderen Art, wenn die Wittelsbacher Fürsten Max Emanuel und Karl Albrecht auf Schloß Berg zum Halali bliesen. Sobald Kanonenschüsse die Ankunft der Prinzessinnen zu Schiff verkündeten, traten sie in Aktion und trieben die Hirsche durch den Waldgrund des Herrenhauses, zur Öffnung des Parks und bis ans Seeufer. In drei Linien erwarteten die fürstlichen Schiffe das Spektakel, allen voran der »Bucintoro«, die mit Gold und Malereien verzierte Prunkbarke im Stil venezianischer Dogen-Schiffe. An Deck amüsierten sich die Damen beim munteren Plätschern eines Springbrunnens über den Kampf der Hirsche gegen Wasser, Hunde und Flinten.

*

Hans Friedrich Hörwarth baute das Schloß 1640 am Ostufer des Starnberger Sees auf dem Grund der Patrizierfamilie Ligsalz. 1676 verkaufte Hörwarth den Besitz für 30.000 Gulden an den Wittelsbacher Kurfürsten Ferdinand Maria, dessen Frau Adelheid Henriette im selben Jahr verstarb. Unter den Kurfürsten Max Emanuel und Karl Albrecht (ab 1742 Kaiser Karl VII.) wurde es zum Schauplatz höfischer Feste und Jagden. Man legte einen Tierpark an, den die jeweiligen Wittelsbacher Nachfolger mit den wechselnden Moden der Zeit immer wieder umgestalteten. König Maximilian II. Joseph kaufte Grund hinzu und ließ das alte Schloß grundlegend verändern. Eduard Riedel, der später mit dem Bau von Neuschwanstein beauftragt werden sollte, baute das Schloß zwischen 1849 und 1851 im neugotischen Stil um. Zinnen und vier Ecktürme machten aus dem Herrenhaus ein Burgschloß. Um diesen Eindruck zu vervollständigen, fügte Ludwig II. noch einen fünften Turm, den »Isolde-Turm«, hinzu. 1864 war er nach dem Tod seines Vater der neue Schloßherr geworden. Am 11. Mai jeden Jahres verließ er fortan das ungeliebte München und begab sich samt Hofgefolge nach Berg; um die politische Verbindung zur Hauptstadt aufrechtzuerhalten, sollte ein Telegraph zwischen Berg und München errichtet werden. Das Innere des Schlosses gestaltete Ludwig II. in einfachem »Salonrokoko« und bebilderte es mit dem gesamten Wagner-Spektrum. Eduard Ille lieferte Gemälde zu *Lohengrin*, *Tannhäuser*, der Nibelungensage und *Parsifal*. August und Heinrich Spieß dekorierten mit *Tristan und Isolde* und dem *Fliegenden Holländer*. Doch nicht nur die Bilderwelt der Wagner-Opern holte er sich in sein Schloß, sondern auch Wagner selbst. Unweit des Schlosses mietete er für den Komponisten ein Landhaus, so daß Gönner und Musiker sich täglich besuchen konnten. Den Park des Burgschlosses bestückte Ludwig II. mit einem Maurischen Kiosk, den Franz Seitz 1868/69 ursprünglich für den Dachgarten der Münchner Residenz entworfen hatte, und mit einer neugotischen Königskapelle.

Zarin Maria Alexandrowna war eine der Zeitzeugen, die von einem Besuch auf Schloß Berg im Jahr 1868 zu berichten wußte. Auf dem Weg dorthin wurde sie auf dem Dampfer »Tristan« von einem Feuerwerk überrascht, das den Starnberger See in ein »einziges Feuerfeld« zu verwandeln schien. Die ganze Nacht hindurch erklangen Wagner-Melodien und italienische Gondoliere-Lieder über dem Wasser, und Schloß Berg erstrahlte in Illuminationen – ein Eindruck, den 1925 Oskar Maria Graf literarisch verarbeitete.

1886 wurde König Ludwig II. auf Grund ärztlicher Gutachten von der Regierung abgesetzt und entmündigt nach Schloß Berg gebracht. Im Starnberger See, nahe am Ufer, fand er den Tod.

*

Bei der Renovierung verlor Schloß Berg seinen Burgcharakter: Die vier Wehrtürme wurden abgetragen und der Bau auf seine einfache, kubische Grundform zurückgeführt. Die Villa dient den Wittelsbachern heute als privater Sommersitz und ist nicht öffentlich zugänglich.

Biographische Daten zu Ludwig II.

1811 28. NOVEMBER: Erbprinz Maximilian (Maximilian II. Joseph von Bayern) wird in München geboren.

1825 18. OKTOBER: Die Hohenzollernprinzessin Marie Friederike von Preußen wird in Berlin geboren.

1842 Heirat des bayerischen Kronprinzen mit Marie von Preußen.

1845 25. AUGUST: Erbprinz Otto Ludwig Friedrich Wilhelm, der spätere König Ludwig II., wird als Sohn von Maximilian II. Joseph und Marie von Preußen in Nymphenburg geboren.

1848 20. MÄRZ: König Ludwig I. von Bayern, Prinz Ludwigs Großvater, dankt ab.
21. MÄRZ: Regierungsantritt Maximilians II. Joseph; Ludwig wird Kronprinz.
27. APRIL: Prinz Otto Wilhelm Ludwig, der Bruder Ludwigs II., wird in Nymphenburg geboren.

1861 2. FEBRUAR: Kronprinz Ludwig sieht im kgl. Hof- und Nationaltheater in München die Wagner-Oper *Lohengrin*, am 22. DEZEMBER *Tannhäuser*.

1864 10. MÄRZ: Tod König Maximilians II. Joseph; Eidesleistung Ludwigs II. in der Münchner Residenz.
4. MAI: Erste Begegnung Ludwigs mit Richard Wagner in der Residenz.
OKTOBER: Richard Wagner bezieht ein vom König gemietetes Haus in der Brienner Straße in München.

1865 Begegnung Ludwigs II. mit Kaiserin Elisabeth von Österreich in München.
10. JUNI: Uraufführung von Wagners *Tristan und Isolde* im Hof- und Nationaltheater München.
11. NOVEMBER: Wagner besucht König Ludwig II. in Hohenschwangau.
10. DEZEMBER: Von allen Parteien bedrängt, muß der König Richard Wagner entlassen; Wagner verläßt München.

König Ludwig I. von Bayern (1786–1868), der Großvater Ludwigs II.

König Maximilian II. Joseph und Königin Marie mit den beiden Prinzen Ludwig und Otto, 1860

Die königlichen Prinzen Ludwig und Otto, 1860. Photographien von Joseph Albert

Kronprinz Ludwig, 1861

1866 Teilmobilmachung Preußens. Einmarsch Preußens in Holstein; Kriegserklärung des Bundes.
10. MAI: Ludwig II. befiehlt die Mobilmachung für den 22. JUNI.
15. JUNI–26. JULI: Preußisch-österreichischer Krieg.
3. JULI: Österreichs Niederlage bei Königgrätz; Auflösung des Deutschen Bundes.
18. AUGUST: Gründung des Norddeutschen Bundes unter preußischer Führung.
22. AUGUST: Bayerns Vertreter schließen einen Friedensvertrag und ein Schutz- und Trutzbündnis mit Preußen.
20. SEPTEMBER: Preußen annektiert Hannover, Kurhessen, Nassau und Frankfurt/Main.

König Ludwig II., 1867

1867 22. JANUAR: Verlobung Ludwigs II. mit Herzogin Sophie, der Tochter von Herzog Max in Bayern und Schwester von Kaiserin Elisabeth von Österreich.
31. MAI: Mit Bruder Otto reist Ludwig nach Eisenach zum Besuch der Wartburg.
20.–29. JULI: Besuch der Weltausstellung in Paris.
10. OKTOBER: Die Verlobung mit Sophie wird gelöst.

1868 29. FEBRUAR: König Ludwig I. stirbt in Nizza.
21. JUNI: Uraufführung von Wagners *Meistersinger von Nürnberg* im Münchner Hoftheater.
26. SEPTEMBER: Zarin Maria Alexandrowna kommt nach Schloß Berg.

1869 27. AUGUST: Grundsteinlegung zum Königshaus auf dem Schachen.
5. SEPTEMBER: Grundsteinlegung zur Neuen Burg Hohenschwangau (Neuschwanstein).
22. SEPTEMBER: Uraufführung von Wagners *Rheingold*, der ersten Oper des *Ring*-Zyklus, in München.

Richard Wagner, 1864.
Photographien von Joseph Albert

1870 17. JANUAR: Ludwig II. schwört Preußen Bündnistreue.
26. JUNI: Uraufführung der *Walküre* in München.
15. JULI: Der Ministerrat erbittet vom König den Mobilmachungsbefehl gegen Frankreich.
16. JULI: Frankreich erklärt Preußen den Krieg. Ludwig II. erklärt die Mobilmachung gegen Frankreich.
1. SEPTEMBER: Schlacht bei Sedan: Die Franzosen werden geschlagen. Kaiser Napoleon III. gerät in deutsche Gefangenschaft.

13. SEPTEMBER: Ludwig II. teilt Bismarck mit, er sei zum Verfassungsbündnis bereit.
23. NOVEMBER: Bayern tritt dem Deutschen Bund bei.
30. NOVEMBER: »Kaiserbrief« Ludwigs II. an König Wilhelm I. von Preußen.

1871 18. JANUAR: Gründung des Deutschen Reiches. König Wilhelm I. von Preußen wird deutscher Kaiser. In Vertretung seines Bruders Ludwig ist Prinz Otto bei der Kaiserproklamation zugegen. Bismarck wird Reichskanzler.
16. JULI: König Ludwig trifft den Kronprinzen Friedrich Wilhelm von Preußen.

König Ludwig II. als oberster Kriegsherr, um 1880. Photographie von Joseph Albert

1872 19. MÄRZ: Ludwig II. kauft das Gärtnerplatz-Theater.
22. MAI: Grundsteinlegung zum Bayreuther Festspielhaus.

1873 Ludwig II. kauft die Herreninsel im Chiemsee.

1874 20.–28. AUGUST: Ludwig II. reist zum zweiten Mal nach Paris.

1875 9. FEBRUAR: Gutachten Dr. Guddens über Prinz Ottos Geisteszustand.
27. MAI: Ausbruch der Geisteskrankheit bei Otto. Er wird nach Schloß Schleißheim gebracht und bleibt dort bis 1879.
24.–27. AUGUST: Reise Ludwigs II. nach Reims.

König Ludwig II. und der Schauspieler Joseph Kainz, 1881. Aufnahme im Atelier Synnberg, Luzern

1877 25. AUGUST: Grotte in Linderhof fertiggestellt. Hofrat Lorenz von Düfflipp, der wiederholt auf die drohende Zahlungsunfähigkeit der Kabinettskasse hingewiesen hatte, wird durch Ministerialrat Ludwig von Bürkel im Amt des Hofsekretärs ersetzt.

1878 21. MAI: Grundsteinlegung zu Schloß Herrenchiemsee.

1880 13. MÄRZ: Prinz Otto wird nach Schloß Fürstenried verbracht.
12. DEZEMBER: Erster Besuch Ludwigs in Neuschwanstein.

1881 27. JUNI–14. JULI: Reise Ludwigs II. mit dem Schauspieler Joseph Kainz in die Schweiz.

König Ludwig II. – eine der letzten Aufnahmen, um 1883. Photographie von Joseph Albert

1882 26. JULI: Uraufführung des *Parsifal* in Bayreuth.

1883 13. FEBRUAR: Richard Wagner stirbt in Venedig.
26. MÄRZ–13. APRIL: Aufführung sämtlicher Werke Wagners an der Münchner Hofbühne.

1884 16. MAI: Ludwig II. kauft die Ruine Falkenstein.
27. MAI–8. JUNI: Ludwig II. wohnt zum ersten Mal in seiner vollständig eingerichteten Wohnung in Neuschwanstein.
1. JUNI: Eine Bankanleihe von 7 Millionen Mark erleichtert die prekäre Lage der Kabinettskasse; der König setzt sie jedoch gleich für neue Bauprojekte ein. Den Nachfolgern des zurückgetretenen Hofsekretärs Ludwig von Bürkel gelingt es in der Folgezeit nicht mehr, die Kabinettskasse zu sanieren.

1885 7.–16. SEPTEMBER: Ludwig II. bewohnt zum ersten und letzten Mal Schloß Herrenchiemsee.
5. OKTOBER: Königinmutter Marie besucht anläßlich ihres 60. Geburtstags Schloß Neuschwanstein.

1886 8. JUNI: Gutachten der Ärzte über den Gesundheitszustand König Ludwigs II.
9. JUNI: Entmündigung des Königs.
10. JUNI: Prinz Luitpold übernimmt die Regentschaft. Ludwig II. läßt die Staatskommission, die ihn in Neuschwanstein abholen will, verhaften.
12. JUNI: Eine zweite Kommission bringt den König von Neuschwanstein nach Schloß Berg, wo er unter der ärztlichen Aufsicht Dr. Guddens steht.
13. JUNI: König Ludwig II. stirbt zusammen mit seinem Arzt Dr. Gudden unter nicht geklärten Umständen im Starnberger See.
1. AUGUST: Freigabe der Schlösser Neuschwanstein, Linderhof und Herrenchiemsee für den Publikumsverkehr.

1889 17. MAI: Königinmutter Marie stirbt in Hohenschwangau.

Biographische Daten zu Kishin Shinoyama

Kishin Shinoyama, 1940 in Tokyo geboren, gilt heute weit über Japan hinaus als einer der produktivsten und vielseitigsten Photographen seines Landes. Nach spektakulären Erfolgen in der Werbung profilierte er sich Anfang der 70er Jahre auch als freier Photograph mit einem breiten Spektrum an Themen und Stilen. Aktaufnahmen, Portraitserien, Studien zum Kabuki-Theater, Photos aus der Subkultur Tokyos und ein umfangreiches Projekt über das japanische Wohnhaus – der Beitrag Japans zur Biennale Venedig 1976 – gehören ebenso zu seinem Repertoire wie die Landsitze, Villen oder Schlösser europäischer Exzentriker.

Bei Schirmer/Mosel ist von ihm außerdem erschienen:
Das Haus des Malers
Balthus im Grand Chalet